Palabra de Mujer
Historia oral de las directoras de cine mexicanas (1988-1994)

Entrevistas, edición e introducción:
Isabel Arredondo

UNIVERSIDAD AUTONOMA
DE AGUASCALIENTES

Palabra de Mujer

Historia oral de las directoras de cine mexicanas
(1988-1994)

Entrevistas, edición e introducción
Isabel Arredondo

Iberoamericana · Vervuert · Universidad Autónoma de Aguascalientes · 2001

Die Deutsche Bibliothek – CIP-Cataloguing-in-Publication-Data
A catalogue record for this publication is available from Die Deutsche Bibliothek

© Iberoamericana, Madrid 2001
Amor de Dios, 1 – E-28014 Madrid
Tel.: +34 91 429 35 22
Fax: +34 91 429 53 97
iberoamericana@readysoft.es
www.iberoamericanalibros.com

Vervuert, 2001
Wielandstrasse. 40 – D-60318 Frankfurt am Main
Tel.: +49 69 597 46 17
Fax: +49 69 597 87 43
info@iberoamericanalibros.com
www.vervuert.com

© Universidad Autónoma de Aguascalientes
Av. Universidad 940
Aguascalientes, Ags. 20100
México
Tel.: 52 4 910 74 54
Fax: 52 4 910 74 51
gmiranda@correo.uaa.mx
www.uaa.mx/difusión/editorial/default.htm

ISBN 84-95107-99-6 (Iberoamericana)
ISBN 3-89354-132-2 (Vervuert)
ISBN 968-5073-22-8 (Universidad Autónoma de Aguascalientes)

Depósito Legal: M-10.179-2001

Cubierta: Diseño y Comunicación Visual
Impreso en España por: Imprenta Fareso, S. A.
Este libro está impreso íntegramente en papel ecológico sin cloro

ÍNDICE

AGRADECIMIENTOS 11

INTRODUCCIÓN 13

1. LA INDUSTRIA FÍLMICA EN MÉXICO 27
Alfredo Joskowicz
"Los egresados de las escuelas" 27
Busi Cortés
"Comida regalada" 37
Abreviaturas 48

2. GUITA SCHYFTER
"Del pánico que me daba... tenía que tomar pastillas" 49

3. HUGO HIRIART
"Callejón estrecho de doble sentido" 67

4. BUSI CORTÉS
"Nos toca superar algo que nos dejó la abuela" 83

5. MARÍA NOVARO
"Dueña de sí misma" 116

6. DANA ROTBERG
"A Malena, yo no la juzgo" 165

7. EVA LÓPEZ-SÁNCHEZ
"Hay cosas que escribo sólo para mí" 190

GLOSARIO 219

A Alfredo, Busi, Dana, Eva,
Guita, Hugo y María

AGRADECIMIENTOS

Muchísimas gracias a: Busi Cortés, Hugo Hiriart, Alfredo Joskowicz, Eva López-Sánchez, María Novaro, Dana Rotberg y Guita
Schyfter. Les agradezco que confiaran en mí la primera vez que
llamé a su puerta, y ¡todas las que siguieron! Generosamente, cada
uno de ellos me dio: su tiempo, apoyo intelectual y emocional e
información valiosísima. La profesora Gwen Kirkpatrick siempre
me ayudó a seguir adelante, y a la profesora Julianne Burton-Car-
vajal le debo el aprender a editar entrevistas. Sponsored Research,
un centro especializado en investigación de mi universidad, Plattsburgh State University, me dio varias becas para que pudiera trabajar en *Palabra de Mujer* con los estudiantes: Dorothee Racette,
Lola Gascón, Mercedes Hidalgo, Sandra García y Tricia Stewart,
quienes transcribieron las cintas e hicieron las correcciones que yo
creí necesarias. Gracias a Roberto Ernesto Antillón Mena por faci-
litarme una grabación de la presentación de Busi Cortés en la reunión de Latin American Studies Association en Guadalajara (1997).
El sindicato de profesores de Plattsburgh State financió mi viaje a
la ciudad de Nueva York para entrevistar a Dana Rotberg, y también me dio la beca Drescher para trabajar en el manuscrito. Una
ayuda especialísima fue la de mi colega y amigo Fernando Gaona,
quien me ayudó a revisar el manuscrito, y con el que conversé
durante horas sobre mis ideas para este libro. Gracias también a
mi colega Dr. Erin Mitchell, quien me ayudó a revisar y estructurar las introducciones. Y finalmente, al Dr. Fernando Iturburu,
quien me ayudó a revisar la última versión del manuscrito. A
todos, muchísimas gracias por apoyarme a recopilar y publicar
estas palabras de mujeres.

Introducción

En esta introducción explicaré la idea que me hizo concebir este libro y la manera en que recopilé y edité las entrevistas. También haré una introducción a la historia de la industria cinematográfica mexicana entre 1988 y 1994, enfocada hacia la política estatal, los sindicatos y las escuelas de cine. Y, para finalizar, escribiré sobre los premios y el sistema de exhibición de estas películas.

Las mujeres tienen la Palabra

La directora de cine mexicana Marisa Sistach dice en *Cine* (1980):

> Creo que a las mujeres nos toca inventar en nuestro terreno de trabajo un nuevo lenguaje que se alimente en las experiencias comunes de nuestras historias individuales. Esta palabra de mujer debe de inscribirse en nuestra cultura [...]. Se trata de reapropiarnos de nuestra imagen y buscar así nuestra identidad[1].

La cita de Sistach, especialmente la frase "palabra de mujer", me sugiere una apropiación subversiva de ese respeto que, normalmente, se da a la palabra de Dios en la Biblia (algo es "palabra de Dios"). Sistach urge a las mujeres a crear una perspectiva propiamente femenina y a inscribirla en la cultura. Me gustaría hacer mía la propuesta de Sistach: me aúno al esfuerzo de legitimar el

---

[1] Martín, Lucrecia, y Pérez-Grovas, Cecilia, "En tierra de machos: Encuesta a las estudiantes de Cine", *Cine*, N.º 22, January-February 1980, p. 34.

mundo plural femenino a través de entrevistas con directoras de cine. Mi intención es que *Palabra de Mujer* construya una Historia de las cineastas mexicanas desde un punto de vista femenino.

Hice las doce entrevistas para *Palabra de Mujer* entre enero de 1995 y noviembre de 1998; la entrevista con Marisa Sistach no pudo incluirse. En la mayoría de los casos realicé primero una entrevista informal y luego otra que grabé. Entrevisté a María Novaro en enero y julio de 1995, y en enero de 1996. Hablé con Guita Schyfter en julio de 1995. Tuve dos entrevistas con Busi Cortés en julio de 1995 y en julio de 1997. También he transcrito partes de la conferencia de Cortés en una presentación que organicé en Latin American Studies Association, en Guadalajara, en abril de 1997. A cada una de las siguientes personas las entrevisté una sola vez: a Alfredo Joskowicz, enero de 1996; a Hugo Hiriart, julio de 1997; a Eva López-Sánchez, julio de 1997; y a Dana Rotberg, marzo de 1998.

Las entrevistas muestran que algunas directoras establecieron relaciones personales con otras; por ejemplo, Dana Rotberg y Eva López-Sánchez se conocieron en un festival; otras trabajaron juntas, como Busi Cortés y Marisa Sistach. Hay experiencias que se entrecruzan, como la de Busi Cortés y Eva López-Sánchez: mientras Cortés vivió la experiencia de hacer su ópera prima como maestra, López-Sánchez la vivió como alumna. Mi intención es que el lector disfrute de estas conexiones pero también de las diferencias con las que cada una de las personas entrevistadas se acerca al mismo tema.

Entre 1995 y 1998, cambié el enfoque de mi tema. En un principio me interesaba un fenómeno aislado: el cine de María Novaro. Sin embargo, después, me centré en el grupo de mujeres que habían ido a la escuela de cine y habían producido, al menos, un largometraje en 35 mm. Así, amplié el marco de mi investigación: pasé de preguntarme por la intersección entre lenguaje cinematográfico y género a explorar el hecho estético como un producto social marcado, muy específicamente, por las condiciones de la industria cinematográfica y la cultura mexicana.

Organización de las entrevistas

He organizado cada una de las entrevistas de manera cronológica: empiezo con preguntas sobre los primeros trabajos en la escuela y termino preguntando sobre sus largometrajes más recientes. En los casos en que tenía más de una entrevista de una directora, las combiné siguiendo el mismo principio. Al ordenar las entrevistas, no he seguido un orden alfabético. Con la intención de colaborar a una historia del cine mexicano, he situado primero las entrevistas que presentan una perspectiva general de su industria cinematográfica y luego ejemplos específicos dentro de esa industria.

Las dos primeras entrevistas, "Los egresados de las escuelas" de Alfredo Joskowicz y "Comida regalada" de Busi Cortés, explican la importancia y el funcionamiento de las escuelas de cine. La entrevista a Joskowicz aparece primero por tener un carácter más general. Con la experiencia de haber estudiado en una de las escuelas de cine y de haber sido director de ambas, Joskowicz ofrece un panorama histórico de las escuelas desde los años cuarenta hasta los noventa, señalando cómo los sindicatos y la exhibición han determinado la suerte de los egresados. Cortés, estudiante y después maestra de una de las escuelas, explica cómo ella y otros miembros de su generación idearon el sistema de la *ópera prima,* concurso que permitió a Cortés y a los estudiantes que la siguieron hacer su primer largometraje dentro de la industria. Según Cortés, la experiencia de haber sido madre ayudó a concebir este sistema: una madre tiene que pedir comida cuando sus hijos tienen hambre; con la misma lógica y método, una egresada pide película y trabajadores para hacer su primer largometraje.

El haber estudiado cine y el haber hecho, como mínimo, un largometraje es lo que une a las seis directoras cuyas entrevistas aparecen en los capítulos dos al siete. Organizadas por el año en el que empezaron a estudiar, las entrevistas comienzan con Guita Schyfter, que entró a la escuela en 1975, y acaban con Eva López-Sánchez que entró en 1986. Las entrevistas de estas directoras muestran que se esfuerzan por crear nuevos personajes femeninos. Al crear estos personajes las directoras buscan entender sus propias relaciones, tanto con las mujeres de su familia como con las mujeres de la tradición fílmica mexicana. Las mujeres de la pantalla deciden por sí mismas, confían en sus emociones y preservan su identidad en las relaciones íntimas con sus compañeros. Las directoras también hablan del aspecto más técnico de sus creaciones; explican desde las razones por las que les gusta explotar un género popular como el melodrama, hasta los cambios que son necesarios en la posición de la cámara para crear las nuevas imágenes femeninas.

Las directoras que aparecen en este volumen trabajan generalmente en sus películas con algún miembro de su familia. Queriendo reflejar este aspecto, he incluido una entrevista con el dramaturgo Hugo Hiriart, esposo de Schyfter, con quien la directora ha coescrito la mayoría de sus guiones. He elegido entrevistar a Hiriart por una segunda razón: Dana Rotberg, una de las directoras también incluidas en este libro, dirigió la versión para cine de una obra de Hiriart, *Intimidad*.

EDICIÓN

Estas entrevistas no son meras transcripciones de las entrevistas originales, pues he realizado un trabajo de edición con ellas: cambié el orden de las preguntas, añadí detalles que hacían clara la pregunta o la respuesta, suprimí frases que se repetían y uní oraciones. He mantenido el carácter oral y de diálogo de las entrevistas porque quería reproducir la manera en la que los entrevistados conversan. Cada entrevistado ha revisado la versión editada de la entrevista.

LAS DIRECTORAS DE CINE Y LA INDUSTRIA CINEMATOGRÁFICA EN MÉXICO

Para entender parte del material incluido en las entrevistas es preciso tener un conocimiento general de la industria cinematográfica mexicana, especialmente en lo que respecta al cine de calidad. Alfredo Joskowicz emplea el término "películas de miseria" para referirse a las películas que hacen los productores privados para sacar dinero. Son películas con mucho sexo y violencia, a las que Joskowicz describe en "Los egresados de las escuelas" como películas "con muy baja calidad artesanal, con muy pocas exigencias narrativas" (pág. 31). En comparación con las "películas de miseria", el "cine de calidad" tiene alta calidad cinematográfica: un guión bien escrito, actores preparados y escenas cuidadosamente editadas.

Ambos tipos de películas, las del "cine de calidad" y las "películas de miseria", pueden coincidir en ser películas de bajo costo y en tener un corto periodo de rodaje. Busi Cortés, por ejemplo, rodó *El Secreto de Romelia* en cuatro semanas y usó tan solo $150.000. En "Comida regalada" Cortés explica que los productores privados que hacían "películas de miseria" inflaban el presupuesto porque veían el hacer cine como un medio de ganar dinero. Por el contrario, los directores que hacían "cine de calidad" contribuían con dinero a sus producciones. Refiriéndose a los que hacían "cine de calidad", Cortés dice: "Nosotros, en vez de quedarnos con dinero para hacer la película, poníamos dinero para hacerla. Pagábamos por hacer la película y cuidábamos que fuera conforme a lo que realmente costaba" (pág. 44). La manera en la que se empleaba el dinero contaba más que el costo de la película.

Durante algunos sexenios, el gobierno apoyaba estas películas de calidad para así crear una imagen y una identidad nacional. En el sexenio de Salinas, por ejemplo, el Estado apoyó a los productores que querían hacer "cine de calidad" a través de IMCINE y el Fondo de Fomento a la Calidad Cinematográfica (FFCC), un fondo dedicado a hacer películas de calidad ya establecido durante la época de Miguel de la Madrid.

El FFCC no buscaba hacer cine experimental para un grupo reducido, sino películas que tuvieran éxito con un público más amplio. Cortés señala que el tipo de público al que iban dedicadas las "películas de miseria" y el "cine de calidad" podía coincidir. A continuación, explicaré en qué contexto se crean los largometrajes de 35 mm que dirigen estas directoras: un contexto en el que se incluyen las leyes cinematográficas, las reglas de los sindicatos, y las metas y expectativas de las escuelas de cine.

La política estatal

En México, cada gobierno adopta una postura distinta con respecto al "cine de calidad", lo cual explica que la historia del cine se estudie por sexenios, o gobierno de seis años. El sexenio de Luis Echeverría (1970-1976) fue favorable al "cine de calidad", mientras que los dos sexenios consecutivos después de éste, el de José López-Portillo (1976-1982) y el de Miguel de la Madrid (1982-1988), no lo fueron. El sexenio de Carlos Salinas de Gortari (1988-1994), en el que la mayoría de las películas mencionadas en estas entrevistas se hicieron, sí fue favorable al "cine de calidad".

Aunque hay una intención similar de promover el "cine de calidad", los dos sexenios favorables a este cine emplearon políticas cinematográficas distintas. En el sexenio de Echeverría (1970-1976) prácticamente se nacionalizó la industria cinematográfica. El Estado creó sus productoras (Conacine y Conacite Uno y Dos), nacionalizó una distribuidora internacional, Películas Mexicanas (PELMEX) y compró Azteca Films, una distribuidora para EE.UU. El Estado intentó comprar la distribuidora Películas Nacionales, pero no pudo, entre otras cosas porque los productores privados tenían demasiada fuerza. El Estado, que se hizo entonces socio, poseía un 10% de la compañía. Además, tenía el monopolio de la exhibición porque compró la Compañía Operadora de Teatros (COTSA), que poseía la mitad del mercado de la exhibición en México. Todas estas compañías estaban integradas dentro de un *holding*, el Banco Nacional Cinematográfico, una organización estatal creada en 1942 y que dependía de la Secretaría de Hacienda. El Banco prestaba dinero a la industria privada para que pudiese financiar sus películas.

El Estado cumple un papel distinto en los dos sexenios favorables al "cine de calidad". Durante el sexenio de Echeverría (1970-1976), a menudo tomó el papel de protector, dando una subvención al cine de calidad (hay algunas coproducciones, pero muy pocas comparadas con el sexenio siguiente). En estas condiciones, los directores no tenían que participar en el aspecto financiero de la producción ni que preocuparse de los beneficios de taquilla. En cambio, durante el sexenio de Salinas (1988-1994), bajo el auspicio del Instituto Mexicano de Cinematografía (IMCINE), tomó el papel de socio en una transacción comercial. Durante este sexenio, debido a cambios legislativos y económicos, pasó de ofrecer subvenciones al "cine de calidad" a convertirse en un socio inversor en películas que contribuyesen al patrimonio cultural nacional. Con este cambio, los directores de cine tuvieron que participar activamente recaudando fondos para la producción.

En 1988, cuando se inició el gobierno de Salinas, la industria cinematográfica pasó a depender de otro ministerio: durante el sexenio de Echeverría, el Banco Cinematográfico Nacional pertenecía a la Secretaría de Hacienda; y cuando se liquidó el Banco, en 1979, la industria cinematográfica pasó a depender de la Dirección General de Radio, Televisión y Cinematografía (RTC), que era parte del Ministerio de la Gobernación. Por eso, cuando durante el sexenio de Miguel de la Madrid (1982-1988) se creó el Instituto Mexicano de Cinematografía (1983) éste perteneció a RTC. En 1988, en el primer mes de su presidencia, Salinas creó, dentro del Ministerio de Educación Pública, el Consejo Nacional para la Cultura y las Artes (CONACULTA). Y, para gran satisfacción de la industria cinematográfica, hizo que IMCINE dependiera de CONACULTA.

Con el cambio, IMCINE ganó control sobre decisiones que afectaban directamente al "cine de calidad". Con Ignacio Durán Loera como director, IMCINE dio apoyo financiero a los directores a través de préstamos concedidos por IMCINE y el Fondo de Fomento a la Calidad Cinematográfica (FFCC), institución fundada en 1986. Al principio del sexenio hubo una gran devaluación, e IMCINE siguió la política de privatización iniciada durante el sexenio de De la Madrid (1982-1988). En 1990 el Instituto Mexicano cerró dos compañías productoras: Conacine y Conacite Dos (ya se había cerrado Conacite Uno en 1977), y privatizó varios canales de televisión. IMCINE decidió deshacerse del sistema de distribución y exhibición de películas de consumo rápido. En 1991 quebró la compañía distribuidora Películas Nacionales, a raíz de lo cual, en 1993, IMCINE disolvió la exhibidora COTSA (véase la entrevista con Joskowicz para más detalles). También en 1993, IMCINE se deshizo de los canales de televisión 7 y 13, y de los Estudios Cinematográficos América.

IMCINE redujo considerablemente el aparato estatal: se quedó con la escuela de cine Centro de Capacitación Cinematográfica y con los Estudios Churubusco, creando direcciones de apoyo que asistieran únicamente en la producción y la distribución de "cine de calidad". Después de estas ventas, IMCINE pudo concentrarse en su misión cultural de producir películas que revitalizasen la formación de la identidad mexicana. Entre 1991 y 1994, IMCINE buscó crear un producto de calidad que pudiera competir en el mercado cinematográfico sin protección estatal, para lo cual tuvo que aumentar las inversiones hasta 400.000 ó 500.000 dólares por película.

La industria cinematográfica no sólo estaba en un período de transición económica, sino también en uno de transición legislativa. En 1992 los directores de IMCINE y de RTC redactaron una nueva ley, la Ley Federal de Cinematografía. Esta nueva ley eliminó las medidas proteccionistas anteriores, que habían puesto un límite al precio del *ticket* de entrada y lo habían clasificado como un elemento de la "canasta básica". El cine quedaba incluido, por tanto, dentro del grupo de productos de protección estatal. La Ley Federal de Cinematografía también eliminaba otra medida proteccionista: después de que se aprobara la ley, los cines y cadenas de televisión no estaban obligados a dedicar el cincuenta por ciento del tiempo de pantalla a películas mexicanas. Se disponía que, primero, se redujese el tiempo de pantalla a un treinta por ciento, y que, paulatinamente, esa protección fuese desapareciendo.

En su nuevo papel de socio a través de IMCINE, el Estado requería que hubiese otros inversores que compartieran el riesgo de las inversiones. En las películas mencionadas en este libro, IMCINE invirtió junto con el Fondo de Fomento a la Calidad Cinematográfica (FFCC), creado para dar préstamos. Los directores debían devolver estos préstamos con los ingresos de taquilla y la venta de la película. Normalmente, en cada película, IMCINE invertía un máximo de un sesenta por ciento del costo total después de que los directores hubieran conseguido un préstamo del FFCC con valor del treinta por ciento (véase el final de la entrevista de Schyfter). Los propios directores también invertían a través de sus propias empresas productoras. Busi Cortés, por ejemplo, fundó su casa productora, "Producciones Romelia"; Guita Schyfter formó "Producciones Arte Nuevo"; y la lista era tan interminable que Dana Rotberg, refiriéndose a la proliferación de casas productoras, llamó a la suya "Una Productora Más". Las productoras, sociedades anónimas las más de las veces, tenían unos socios fundadores que se encargaban de contratar al resto de los trabajadores y que eran los que recibían las ganancias de la inversión. En 1991 el grupo de Busi Cortés, que creó Producciones Romelia, calculó el valor monetario del trabajo del guión y de la dirección. Cuando tuvieron que presentar el proyecto a IMCINE y especificar quiénes iban a invertir, se incluyeron a sí mismos como socios. Calcularon que su trabajo valía el diez por ciento de los gastos totales de la película. Sin embargo, a diferencia de los socios que invertían en metálico, Producciones Romelia invirtió con trabajo (véase "Comida regalada" para más detalles).

En ocasiones, IMCINE invirtió con compañías y agencias gubernamentales extranjeras y productores independientes mexicanos. María Novaro coprodujo con agencias extranjeras. En *Lola* y *Danzón*, contó con la ayuda de Radiotelevisión Española (RTVE), que invirtió dinero a cambio de la distribución de la película en un territorio acordado. En *El Jardín del Edén*, su tercer largometraje, los coproductores más importantes fueron IMCINE y una compañía canadiense. En algunas ocasiones, los productores independientes invirtieron con el Estado; León Constantiner, por ejemplo, invirtió junto con IMCINE en *Ángel de fuego* (1991), de Dana Rotberg.

LOS SINDICATOS Y LAS ESCUELAS

Las condiciones laborales que tenían los técnicos de la industria cinematográfica también afectaron a la producción de largometrajes "industriales", que son películas que cumplen con los requerimientos legales para ser vendidas. La ley mexicana obligó, durante mucho tiempo, a que sólo los miembros del sindicato fuesen los que hiciesen las películas que se exhibían en los cines. Durante este período también los sindicatos estaban "cerrados"; es decir, que excluían a los miembros de otras organizaciones que habían aprendido el oficio fuera del sindicato. Durante el sexenio de Salinas (1988-1994), sin embargo, los sindicatos perdieron fuerza, lo que permitió que las egresadas de las escuelas incluidas en este libro hicieran su primer largometraje.

Entre 1945 y finales de los años setenta, el Sindicato de Trabajadores de la Industria Cinematográfica (STIC) y el Sindicato de Trabajadores de la Producción Cinematográfica (STPC) estaban organizados de una manera gremial: las personas que entraban al sindicato empezaban a trabajar desde abajo y subían los escalafones hasta llegar a puestos superiores como la dirección. En México se fundaron dos escuelas: el Centro Universitario de Estudios Cinematográficos (CUEC) en 1963 y el Centro de Capacitación Cinematográfica (CCC) en 1975. Los egresados de estas escuelas podían hacer películas en 35 mm si querían, pero no podían exhibirlas en los cines. Sin exhibición comercial, los egresados no podían recuperar el costo de la inversión y, por tanto, no podían hacer cine "industrial" (véase la entrevista de Joskowicz para más detalles).

Durante los años setenta, los egresados tuvieron que trabajar para televisión, hacer sus películas en 16 mm o trabajar para algún director que perteneciera al sindicato. Muchas egresadas (Schyfter, Sistach y Cortés, entre otras) trabajaron para la Unidad de Televisión Educativa y Cultural (UTEC), que hacía series de televisión de calidad (véanse las introducciones para más detalles). Los egresados también hacían largometrajes en 16 mm y los exhibían en los cineclubs, centros culturales y foros. Las biografías de las egresadas muestran que, después de graduarse, casi todas trabajaron con algún director en una producción del sindicato. El director podía pagar una cuota de desplazamiento al sindicato y las directoras podían trabajar de continuistas o asistentes de director. El proceso de producción y de distribución de *Los pasos de Ana*, precisamente sobre una egresada en el CCC que lucha por dirigir su primer largometraje, pone de manifiesto el sistema bajo el cual trabajaban en los años ochenta las egresadas: la película fue hecha en 16 mm y luego pasada a 35 mm.

A partir de los años ochenta, los sindicatos fueron perdiendo fuerza, lo que permitió que, durante el sexenio de Salinas (1989-1994), Cortés y Novaro encontraran formas legales de esquivar las normas sindicales. Las producciones sindicales resultaban muy costosas porque el sindicato decidía el número (normalmente alto) de trabajadores que debía ser contratado. Además, estos trabajadores sindicados tenían baja cualificación. Las directoras noveles tenían dificultades para conseguir fondos y hacer su primer largometraje, lo que hacía casi imposible contratar grandes grupos de trabajadores del sindicato. Sus presupuestos tan sólo les permitían contratar a estudiantes o a compañeros de las escuelas. En 1988, Cortés, maestra del CCC, y otros compañeros consiguieron hacer un largometraje dentro del ámbito de la escuela. El tener la escuela como coproductor les permitió contratar a un reducido número de trabajadores del sindicato y mezclarlos con estudiantes. Ayudada también por los descuentos en material fotográfico que podía conseguir a través de la escuela, Cortés batió el récord en costo de producción. Consiguió hacer *El secreto de Romelia* (1989), una "película de calidad", con sólo 150.000 dólares (véase su entrevista "Comida regalada"). Novaro optó

por otra alternativa: trabajar a través de cooperativa. La Ley del
Trabajo permitía que un grupo de trabajadores del mismo ramo
de la industria se asociase y formase una cooperativa, donde los
beneficios se repartían equitativamente entre los miembros. Con
300.000 dólares, Novaro contrató a un reducido número de técnicos egresados de las escuelas.

Desde 1992 las directoras no tienen que valerse de las técnicas
antes mencionadas, pues al poder ser miembros del sindicato, el
usar los sindicatos es ya una opción personal.

FESTIVALES

Los festivales de cine nacionales e internacionales crean un circuito de exhibición para las "películas de calidad": las películas
mexicanas descritas en este libro se exhiben primero en México y
en otros festivales latinoamericanos. Si tienen éxito, pasan a exhibirse en Europa (preferentemente en España, Francia o Alemania),
en Estados Unidos (donde los festivales más comunes son Nueva
York, Chicago, Salt Lake City y San Francisco) y en Canadá (Montreal y Toronto). Raramente las películas salen fuera de este circuito y llegan, por ejemplo, a Japón o Australia.

Las películas incluidas en este libro, por lo general, inician su
exhibición en la Muestra de Cine Mexicano, que tiene lugar en la
ciudad de Guadalajara, en marzo de cada año. Esta muestra está
organizada por el Centro de Investigación y Enseñanza Cinematográfica (CIEC), institución que pertenece a la Universidad de Guadalajara. A la Muestra acuden, de todas partes del mundo, distribuidores y organizadores de festivales para seleccionar y comprar
películas. Los periódicos mexicanos consideran que el ser invitado
al Festival Internacional de Cannes en Francia es la mayor demos-
tración de reconocimiento internacional. Tres de las películas de
este libro fueron a Cannes: *Danzón* de María Novaro, que fue al
festival en 1991; *Ángel de fuego* de Dana Rotberg, en 1992; y el corto
de Eva López-Sánchez, *Objetos perdidos*, en 1993.

Premios

Los premios se otorgan tanto dentro de los festivales como en entidades independientes. En México, destaca un premio otorgado por la Academia Mexicana de Ciencias y Artes Cinematográficas, el Ariel. La Muestra de Guadalajara y los medios de difusión también entregan premios: por ejemplo, el periódico *El Heraldo de México* entrega los llamados Heraldos, y la Asociación de Periodistas Cinematográficos Mexicanos (PECIME) entrega las Diosas de Plata. La industria cinematográfica mexicana también da un premio para alentar el desarrollo del cine mexicano. El Sindicato de Trabajadores de la Producción Cinematográfica e IMCINE, entre otros, dan una suma considerable de dinero en metálico a través del premio de Fideicomiso de Estímulo al Cine Mexicano (FECIMEX).

Fuera de México, en el circuito latinoamericano, destacan el Coral, del Festival Internacional de La Habana, y el Pitirri, del Festival de Cine de San Juan, en Puerto Rico. En el circuito europeo estas películas ganan a menudo premios en España, donde hay un gran interés por el cine en español. Varias películas recibieron premios en festivales de Estados Unidos; uno de los más prestigiosos es el Festival Latino de Chicago. También son importantes los dos festivales latinos de Nueva York; el Festival Latino Film de Nueva York entrega Manos de Bronce, y la Asociación de Cronistas de Espectáculos (ACE) concede premios en el otro Festival Latino. Dos de las directoras aquí incluidas recibieron apoyo de la fundación MacArthur/Rockefeller para desarrollar sus guiones.

Bibliografía

Aguilar, Luz Cecilia, *La mujer como cineasta en México*, México D.F., Universidad Intercontinental, 1994.

Berg Ramírez, Charles, *Cinema of Solitude: A Critical Study of Mexican Film 1967-1983*, Austin, University of Texas Press, 1992.

BLANCO AYALA, Jorge, "La mirada femenina", *La disolvencia del cine mexicano entre lo popular y lo exquisito*, México D.F., Grijalbo, 1991, pp. 461-511.

CENTRO DE CAPACITACIÓN CINEMATOGRÁFICA, *Catálogo*, México D.F., Tiempo y Tono, 1994.

CENTRO UNIVERSITARIO DE ESTUDIOS CINEMATOGRÁFICOS, "Legislación cinematográfica", *Estudios Cinematográficos*, México D.F., CUEC, núm. 14, 1998.

FERNÁNDEZ VIOLANTE, Marcela (ed.), *La docencia y el fenómeno fílmico*, México, Universidad Nacional Autónoma de México, 1988.

HERSHFIELD, Joanne, *Mexican Cinema: Mexican Woman 1940-1950*, Tucson, The University of Arizona Press, 1996.

KING, John: *Magical Reels, A History of Cinema in Latin America*, Critical Studies in Latin American Culture, London, New York, Verso, 1990.

MARTIN, Michael T. (ed.), *New Latin American Cinema*, Vol. 2, Detroit, Wayne State University Press, 1997.

MONCAYO MILLÁN, Margarita, *Género y representación: Tres mujeres directoras de cine en México*, Universidad Nacional Autónoma de México, 1995.

MORA, Carl J., *Mexican Cinema: Reflections of a Society 1896-1988*, Berkeley, University of California Press, 1988.

NORIEGA, Chong A., y RICCI, Steven (ed.), *The Mexican Cinema Project*, Los Angeles, UCLA Film and Television Archive, 1994.

PARANAGUÁ, Paulo Antonio (ed.), *Mexican Cinema*, London, British Film Institute, 1995.

PLAZAOLA TRELLES, Luis, *Cine y Mujer en América Latina: Directoras de Largometrajes de Ficción*, Río Piedras, Editorial de la Universidad de Puerto Rico, 1991.

TORRENTS, Nissa, "Mexican Cinema Comes Alive", *Mediating Two Worlds: Cinematic Encounters in the Americas*, Ed. Ana M. LÓPEZ, John KING y Manuel ALVARADO, London, British Film Institute, 1993, pp. 222-229.

1. La industria fílmica en México

Este capítulo incluye una entrevista y una presentación sobre la industria fílmica en México.

Entrevisté a Alfredo Joskowicz, un reconocido director de cine y experto en el tema de la industria cinematográfica, centrándome en la historia de la industria fílmica.

Alfredo Joskowicz

Alfredo Joskowicz, nacido en 1937, conoce múltiples aspectos del cine mexicano. Ha estado en contacto con el aspecto artístico del cine como estudiante, realizador y maestro. Como director general de los Estudios Churubusco también conoce el lado comercial de la industria, especialmente la producción.

Joskowicz hizo la carrera de Realización Cinematográfica en la primera escuela mexicana de cinematografía: el Centro Universitario de Estudios Cinematográficos (CUEC), de la Universidad Autónoma de México (UNAM). Fue de los primeros estudiantes, ya que entró en este centro en 1966, tres años después de que fuera fundado. Acabó la carrera en 1970 y al año siguiente hizo estudios graduados de edición, sonido y técnica de televisión en Bélgica, en el Instituto Superior de Artes y Ciencias del Espectáculo. Además de como estudiante, Joskowicz conoce el cine como forma artística porque realizó seis largometrajes y diez cortometrajes. Entre ellos destaca *Crates* (1970), una película en blanco y negro producida por el Departamento de Actividades Cinematográficas de la UNAM y *El cambio* (1971), el primer largometraje que se hizo en

Alfredo Joskowicz

color en el CUEC. *El cambio* se exhibió en Cannes en 1973. Hay que
añadir a su carrera como realizador más de ochenta programas
para televisión. Para *Palabra de Mujer* es importante la serie *Historia de la educación en México* en la que Joskowicz hizo veinte programas de media hora. La cineasta Busi Cortés participó en cinco
de ellos.

Joskowicz combinó la realización con la administración y la
enseñanza en las escuelas de cine. Entre 1971-1976 fue secretario
académico del CUEC, y en 1989 pasó a ser su director. De 1977 a
1982 Joskowicz fue director del Centro de Capacitación Cinematográfica (CCC), la otra escuela de cine de la ciudad de México. A los
cargos administrativos hay que añadir los de maestro. En 1988 Joskowicz enseñaba en ambas escuelas: lenguaje y estructura cinematográfica en el CCC y realización cinematográfica en el CUEC. Joskowicz también ha tenido cargos administrativos fuera de la
escuela. En 1997 fue nombrado director general de los estudios
Churubusco, uno de los estudios más importantes de México.

Joskowicz ha sido reconocido por su dedicación al cine: entre
1988 y 1989 fue nombrado miembro de la comisión de premiación
de la Academia Mexicana de Ciencias y Artes Cinematográficas,
que es la organización mexicana que otorga el Ariel, el máximo
galardón al que pueden acceder las películas en México. Desde
1994 es miembro honorario de dicha academia.

"LOS EGRESADOS DE LAS ESCUELAS"

*He entrevistado a otros cineastas y me han dicho que estudiar en cual-
quiera de las dos escuelas, el Centro Universitario de Estudios Cinematográficos (CUEC) o en el Centro de Capacitación Cinematográfica (CCC)
es igual, ¿es cierto?*

No lo es, claro, si me puedes creer a mí. Yo sigo dando clase en
las dos escuelas, porque creo que la única manera de hacer que
una cinematografía tenga identidad es formando cuadros de alto
nivel con capacidad para defender la identidad de su propia cine-

matografía. El cine mexicano no va a cambiar por decreto ni sola- mente con recursos, hay que seguir defendiendo la identidad de su propio cine.

¿Y cuál es la identidad del cine?

Bueno, ésa es una pregunta de crítico de cine. Yo te puedo decir que México es una de las cinematografías más importantes de América Latina. Hay tres grandes: México, Argentina y Venezuela —Cuba, en algún momento, pero luego ya bajó—. Para mí, el cine es una combinación de arte e industria; de lo que hay que hablar es del número de películas. El que habla solamente del cine como arte o como industria no lo entiende en su totalidad. El análisis que yo hago siempre tiene que ver con el número de películas producidas por año. Dentro de ese número hay que diferenciar lo que produce el cine financiado estatalmente de lo que produce el cine privado, y hay que ver en qué proporción realmente hay posibilidades de que estas películas alcancen cierto nivel de calidad artística. El número de películas cuenta. Entre 1980 y 1990 México produjo un prome- dio de 90 largometrajes anuales. ¡De ese tamaño existe el chiste! Nada más que eran baratísimas, 100.000 dólares por película.

¿Cómo se pueden hacer películas con 100.000 dólares?

Reduciendo el tiempo de rodaje a un promedio de dos semanas y media. Hay una cronología del cine mexicano aquí arriba [en el CUEC] donde están los nombres de todas las películas que se han hecho. Al ver la lista te das cuenta de que los críticos sólo analizan el uno o dos por ciento del total de películas producidas; por eso, el fenómeno no es comprendido en su totalidad. Esa infraestructu- ra que producía "películas de miseria" tenía un circuito casi mono- pólico en la exhibición, por eso se sostuvo tantos años. Si produces noventa largometrajes anuales, ¿dónde diablo los exhibes? La exhibidora, Compañía Operadora de Teatros (COTSA), que origi- nalmente era privada y que empezó en el 47, duró hasta que el sexenio de Echeverría la nacionalizó. Operadora de Teatros tenía 525 cines en la República —ahora hay como 1.400, pero hubo más de 2.500 durante décadas— lo que suponía casi una cuarta parte del mercado y prácticamente el monopolio de la exhibición porque tenían las mejores salas en todo el país. Esas películas de 100.000 dólares pasaban por una distribuidora privada que se llamaba Películas Nacionales, que eran mayoristas, y ese mayorista distribuía a Operadora de Teatros. ¡Ese circuito caminaba!

De los 90 largometrajes anuales, 70 ó 75 podías tirarlos a la basura. Lo que pasa es que hacían dinero, dinero inmediato, y la cadena funcionaba. Las películas de 100.000 dólares, con muy baja calidad artesanal, con muy pocas exigencias narrativas, iban destinadas a esas 525 salas para un público prácticamente analfabeto. Ése era un mercado específico, porque a las gentes que son analfabetas funcionales les cansa leer las películas con subtítulos. El resto de las salas proyectaba películas extranjeras o norteamericanas con subtítulos, pero los analfabetos funcionales mexicanos, que es un sector importante, no asistían a estas películas.

En 1991 quiebra Películas Nacionales por un fraude interno y, con la política neoliberal del gobierno pasado, se acabó el negocio. Entre 1991 y 1994 el esquema cambió. La producción bajó a la tercera parte: de 91 a 32 largometrajes. Los productores tradicionales se desconcertaron y no sabían qué hacer. El promedio es de 32 largometrajes, de los cuales un promedio de diez son coproducciones del Estado (IMCINE) y veinte o veintidós de la iniciativa privada. La mayor parte de esas películas, que están hechas por Televicine, no depende de los circuitos de exhibición comercial porque tienen salida en televisión. En 1992 aumenta el costo de las películas a 400.000 dólares promedio en la iniciativa privada y el costo promedio del Estado empieza por 600.000 ó 700.000 dólares. El Estado volvió a invertir fuertemente en la coproducción y la alentó; hizo cincuenta y tantas películas con inversiones directas en el sexenio pasado. Obviamente, si hay películas de 600.000 ó 700.000 dólares, ahí los egresados de las escuelas de cine van tomando posición, porque están preparados con nuevas tecnologías. Antes de este cambio que estudiamos, las películas seguían haciéndose con los viejos métodos tradicionales de los años cuarenta: con la moviola vertical, regrabación, etc. Hay un cambio tecnológico —edición no lineal, computadoras— que los técnicos que permanecieron treinta años encerrados en el sindicato no son capaces de usar. Entre los egresados de las escuelas hay deficiencias narrativas —porque no se puede improvisar de la noche a la mañana—, pero lo que sí tienen es artesanía y capacidad artesanal actualizada, y una nueva manera de pensar que no es la vieja manera comercial de quinta categoría con la que se sostuvo todo el negocio del cine en México.

¿Cómo surgieron las escuelas de cine en su país?

El origen de las escuelas tiene mucha importancia. Entre 1943 y 1945, hubo una escuela que estaba asociada a la industria, la Academia Cinematográfica de México, pero sólo duró dos años[2]. No duró más porque hubo una ruptura sindical y un pleito que impidió que la gente que formaba parte de esa academia tuviera acceso a la industria. Cerraron y no se volvió a abrir escuela alguna de cine en México hasta el 63, en que se abrió el CUEC, que proviene de la gente que en la universidad veía cine-clubs. El nombre tiene importancia: dice "Centro Universitario de Estudios Cinematográficos". Originalmente, era más bien para estudiar el fenómeno cinematográfico que para hacer cine; provenía de gente que analizaba, de cinecluberos. El CUEC se fue desarrollando de espaldas a la industria, porque surgió dentro de la Universidad Nacional (UNAM), pensando un poco en el cine como una forma de expresión artística. Por ahí empezó; después, obviamente, las gentes que ingresamos en las primeras generaciones pronto quisimos hacer cine. Empezamos a hacerlo con 16 u 8 mm, con una infraestructura mínima y con una idea muy romántica.

¿Cuál fue su relación con esta escuela, el CUEC?

Estudié aquí y fui secretario académico del CUEC entre 1971 y 1976. Después, ingresé como director en marzo de 1989 y en 1990 comprimí de cinco a cuatro años la carrera. Por eso los que estaban con el programa de cinco años salieron entre el 1990 y el 1991.

---

[2] Esta escuela de cine surge dentro de la sección n.º 2 de trabajadores del Sindicato de Trabajadores de la Industria Cinematográfica, Similares y Conexos de la República Mexicana (STIC) para que los trabajadores de esta industria perfeccionen sus técnicas. En 1943 las clases son para los aspirantes a actores y escritores, y en 1945 se abren a todas las carreras técnicas del cine.

Cuando las nuevas generaciones entraron, ya había un nuevo plan de estudios con un criterio distinto. Lo que hice fue rediseñar la carrera y hacer un curso básico: antes se daba más prioridad a la práctica que a la sistematización académica y, obviamente, corría mucho más material. Los estudiantes tenían seis meses de clase y seis meses de filmación, toda la escuela simultáneamente. Esta administración lo que hizo fue racionalizar la situación.

La escuela surgió como una escuela en la que se hablaba de una enseñanza integral, de formar "cineastas integrales"; es decir, que hicieran de todo, sin especialidad. Los sindicatos industriales mexicanos estuvieron cerrados veinticinco años, entre 1945 y mil novecientos setenta y tantos. Se podía ingresar por abajo, como barrendero, pero los niveles superiores estaban cerrados. Algunos profesores que tuvimos aquí sí tenían vinculaciones con la industria, pero eran muy pocos. Por eso, cuando nos formamos aquí, jamás pensamos que ingresaríamos en la industria; pensábamos en la romántica idea de hacer "cine de autor", también llamado "cine independiente".

El famoso "cine independiente" duró entre 1970 y 1975 o 1976. El romanticismo del "cine de autor" tenía un límite, porque cada película que producías te arruinaba. Como no podías entrar en el circuito comercial, ¿de dónde sacabas el dinero para recuperarte? ¿Qué pasa cuando tú tienes el dinero personal para arriesgar, pero no tienes la garantía de que puedas recuperar un peso? Se acabó el romanticismo. La otra opción era entrar en el circuito industrial —donde vas a recuperar el dinero— negociando o con los productores privados o con el Estado. Si cuando tú terminabas la película ésta resultaba interesante, el Estado podía pagar los derechos o tú podías pagar una cuota de desplazamiento al sindicato y meterte en el circuito industrial. Entrar al circuito comercial de esta manera no era fácil porque no habías cumplido con el requisito de la industria de contratar trabajadores del sindicato. Puedes hacer cortos o vídeos independientes, pero no largometrajes en 35 mm. Yo produje un largometraje fuera de la norma fílmica de aquí: el primer largometraje a color, *El Cambio* (1971), lo hice yo. Después de que la película estuvo terminada se negoció con el sindicato y se dieron autorizaciones. Sin embargo, la propiedad de *El Cambio* era de la Universidad Nacional, y como esta institución no era lucrativa, no se pudo vender la película y, consecuentemente, no se pudo recuperar la inversión. Fue un camino que no progresó mucho; te puedes salir de la norma, pero si quieres exhibición comercial tienes que pagar, que regresar a la norma.

Al hablar de los setenta, hay que hablar también de la política. Durante esos años hubo una influencia política muy fuerte y se tendió más hacia la práctica del cine como un arma política. Se deterioró mucho la Academia, y cualquier intento de sistematización no tenía apoyo. Si estabas alineado ideológicamente, aunque no vieras u oyeras correctamente, de todas maneras tu película era buena. Eso retardó diez años el avance de la carrera. En estos años, las condiciones industriales cambiaron: los sindicatos empezaron, parcialmente, a abrirse y poco a poco se fueron poblando. A partir de los setenta hubo penetración de algunos egresados de la escuela en la industria, pero fue por razones y habilidades personales.

¿Cómo surge el CCC?

Conceptualmente hablando, el CUEC y el CCC tienen dos orígenes muy distintos y dos formaciones originalmente diferentes. El surgimiento del Centro de Capacitación Cinematográfica (CCC) en septiembre de 1975, aparece dentro de una práctica de nacionalización de la industria durante el periodo echeverrista (1970-1976). Habían nacionalizado prácticamente todo, excepto Películas Nacionales, la compañía distribuidora de la que ya hablamos. Nacionalizaron los estudios, nacionalizaron y compraron Operadora de Teatros, crearon distribuidoras y al final crearon el Centro de Capacitación. El nombre tiene importancia: "capacitar" no es lo mismo que "estudiar". Se buscaba, más bien, hacer un centro de adiestramiento para formar cuadros que iban a entrar directamente en la industria estatal. El CUEC formaba estudiantes, el CCC profesionales. Como se puede observar, el origen de las dos escuelas es diferente, porque el CCC surge dentro de los Estudios Churubusco como un proyecto de estatización del cine industrial.

El CCC se fundó un año y meses antes de que terminara el sexenio de Echeverría, y dependía del Banco Nacional Cinematográfico, que era parte de la Secretaría de Hacienda. A principios del 79, Margarita López-Portillo decretó la liquidación del Banco y pasamos a depender directamente de la Dirección General de Radio, Televisión y Cinematografía (RTC), cuya titular era ella misma. Eso fue una catástrofe. Ahí empezó la bronca, porque Margarita López-Portillo quiso cerrar la escuela. Decía, muy fácilmente, que en México no se producía la cantidad de películas suficientes. Si ya había en la banca 135 directores en la sección de directores ¡para qué queríamos más!

Yo fui director del CCC entre 1977 y 1982. Al cambio de sexenio, renunció el primer director y fundador, Carlos Velo, y me llamaron a mí. Me llamaron los profesores y estudiantes, pues las nuevas autoridades querían imponer a alguien que no sabía nada de esto. Finalmente, por aclamación popular, me dejan como director. Cuando yo llegué allá, como traía la formación universitaria, permití todas las otras especialidades. Porque, originalmente, para no conflictuarse con los sindicalistas, el CCC sólo capacitaba en tres ramas: directores, guionistas y productores. Éstas eran las ramas donde no había problemas con el sindicato, que era más duro en las ramas técnicas y manuales: fotógrafos, editores, sonidistas, etc. El CCC estuvo a punto de ser cerrado, pero como Margarita López-Portillo no pudo echar a los estudiantes, llegó un momento en que me impidió hacer nuevo ingreso de estudiantes. Margarita López-Portillo esperaba que, por extinción, el CCC cerrara, pero yo conseguí que no sucediera. Impedí que cerrara la escuela con grandes trabajos. Después, conseguí reafirmarla, que por lo menos viviera y se desarrollara.

¿Qué tipo de trabajo consigue la mayoría de los estudiantes que acaba los estudios del CUEC o del CCC?

¿Qué está sucediendo debido al cambio tecnológico en el universo de la imagen en movimiento? No importa la base –si es negativo de cine, material magnético o CD-ROM. Lo que importa es que el universo de posibilidades de trabajo es muchísimo más extenso que el de dos generaciones anteriores. Cada vez hay más canales de televisión, más satélites, etc., y la cuarta parte de la programación de eso son películas. Este mercado en expansión está monopolizado por los americanos en todo el mundo, pero las posibilidades de trabajo son muchísimas. Muchas más que las que tuvieron las tres generaciones anteriores, cuando no había nada más que el negativo de cine y un canal muy estrecho. Claro, dirigir un largometraje es la aspiración de todo el mundo, pero como representa una responsabilidad de cientos de miles de dólares no se la dan a cualquier egresado reciente. Ahí no hay que equivocarse; no depende únicamente del talento, depende del grado de responsabilidad y de capacidad que demuestres, y de la habilidad personal para conseguir fondos.

¿Las personas que están haciendo una película tienen que contratar a gente del sindicato?

Antes los sindicatos eran muy fuertes, hasta los noventa se resistían; ahora son mucho más flexibles. Si los egresados de las escuelas de cine quieren inscribirse ahora en el sindicato, forcejearán, pero se pueden meter. Pagas una cuota, pagas tus derechos y te puedes meter. No hay ningún país del mundo en el que los estudiantes formen parte de los sindicatos, porque el sindicato es una organización de profesionistas. Hay una diferencia muy clara: no hay que perder de vista que hacer cine industrial significa hacer un cine apegado a la normatividad del país. Existe la Ley de la Industria Cinematográfica, la Ley Federal del Trabajo, la Ley General de Sociedades Mercantiles, de sociedades corporativas; es decir, tienes que apegarte a un reglamento porque vas a explotar comercialmente. El cine no industrial no cumple con ninguna de esas reglas, pero tampoco entra en la cartelera comercial.

¿Cuántas personas se presentan al examen de entrada y cuántas acaban entrando en el CUEC?

Te doy un dato inmediato. Hasta 1995 la escuela recibía veinte estudiantes de nuevo ingreso por año. Sin embargo, en 1996, por la crisis económica, tuvimos que recibir solamente quince estudiantes. En los últimos años hay un promedio de aspirantes por año que varía entre 185 y 200.

¿Qué relación existe entre la Universidad Nacional Autónoma de México (UNAM) y el CUEC?

Depende directamente de la universidad. El CUEC no se llama "escuela" sino "centro de extensión". Después de 32 años no emitimos títulos, solamente damos constancias de estudio porque estamos fuera del sistema central. Eso sucedió por una serie de irregularidades académicas dentro de la escuela; desde el principio tuvimos ese problema. La otra escuela de cine, el CCC, tampoco emite títulos; sólo da constancia de estudios, una lista de materias. Las dos escuelas tienen nivel de licenciatura.

BUSI CORTÉS

En esta presentación hecha en la asociación de latinoamericanistas, Latin American Studies Association, reunida en Guadalajara, México, en 1997, Busi Cortés no habla sobre su propia obra, sino sobre cómo surgieron las tres generaciones de mujeres directoras y sobre la importancia que las escuelas de cine tuvieron para ellas. Para la filmografía de Cortés véase el capítulo 4.

"Comida regalada"

En mi generación (1977-81), éramos nada más tres mujeres y, realmente, las tres éramos muy buenas productoras de nuestros propios ejercicios y de los de todos nuestros compañeros. Creo que el hecho de ser mujeres ha sido determinante para la manera que ideamos de producción. Como en la escuela no había dinero, la educación no formal que hemos recibido en nuestras familias ayudó mucho. Nuestro modo de producción era diferente porque tenía en cuenta el lado afectivo de las cosas, un elemento que viene de nuestra experiencia particular. Cuando estás en la casa, tienes que ver no solamente aspectos prácticos de la vida cotidiana, del mandado y la administración, sino también los aspectos afectivos, por ejemplo, la relación con los hijos. No puedes darle más o menos atención a ningún hijo, porque si no empieza a haber fricciones. Lo mismo sucede con una producción cinematográfica: para dar un ambiente familiar a una producción, lo importante no es ver de dónde sacas el dinero sino cómo lo repartes. Pensar en esas cosas sí es más típico de las mujeres que de los hombres.

Sin embargo, el elemento más determinante de nuestra educación sentimental que afectó la producción fue esa manera femenina de estar en todo. Nos permitió conseguir recursos para hacer películas de la manera más insólita; tal como preparamos todo lo que se necesita para la producción de una casa, así también conseguimos dinero para las películas. Era como conseguir "comida regalada"; tenías que conseguirlo todo gratis: trabajadores, material, vestuario, actores, etc. Este método de producción funcionó porque las escuelas nos respaldaron en la producción. El Centro de Capacitación Cinematográfica, por ser una escuela, no estaba facultada para ser productora de películas industriales, pero con el esquema de las óperas primas sí pudo intervenir. Básicamente, la *ópera prima* consiste en que un director debutante puede hacer su primera película y la escuela entra como coproductor, no como productor unitario. Cada realizador tiene que conseguir el resto de sus apoyos de donde pueda: de productores privados, de otras universidades, de lo que sea. La escuela aporta equipo y todos los descuentos que consigue –como descuentos de película "Kodak", de cámaras–; además, provee estudiantes que hacen de trabajadores.

En mi caso, los alumnos vivieron este esquema de "comida regalada" cuando trabajaron conmigo como maestra en la primera ópera prima que se hizo, *El secreto de Romelia*. De pronto, la sala que había no funcionaba y entonces tenían que ir a la esquina a pedirle a la señora que nos prestara su sala. Además del Fondo de Fomento a la Calidad Cinematográfica (FFCC), para *El secreto de Romelia*, tuve que conseguir apoyo de fuentes inusitadas: del gobierno de

Tlaxcala y de la Universidad de Guadalajara. Y no sólo de instituciones, también busqué colaboraciones de la gente: los actores, los
técnicos e incluso los maestros, por ser la primera película cobraron
mucho menos. Por ejemplo, lo que cobró Pedro Armendáriz fue
ridículo y, además, no puso ninguna condición. ¡Fue un gran cola-
borador de la película! La *ópera prima* es un esquema que funciona;
en el CCC creo que ya se ha hecho la séptima *ópera prima*.

He hablado del caso concreto de las *óperas primas*, y ahora creo
que es necesario detenerme en el panorama general dentro del que
surge este modo de producción. Me gustaría hablar tanto de las
dos escuelas de cine, como de los cambios que ha experimentado
el sistema de la producción cinematográfica. El CCC, donde yo
estudié y fui maestra, y el Centro Universitario de Estudios Cinematográficos (CUEC), ambas escuelas, son proyectos que se complementan, aunque en un principio había diferencias. Para empezar, en el CCC cuando estudiamos Marisa Sistach y yo, no ya
cuando estudió Eva López-Sánchez, se necesitaba ser mayor de
veintidós años y de preferencia haber tenido ya otra carrera o
experiencia profesional en cualquiera de las ramas relacionadas
con el cine. Podías haber sido desde técnico hasta fotógrafo o
haber trabajado con actores en teatro. En el CUEC, en cambio, no
había requisitos de edad, ni de estudios; realmente los muchachos
podían entrar al CUEC siendo estudiantes de preparatoria.

También, en un principio, había una diferencia, digamos, de
origen. El CCC nació como una escuela del gobierno. Pertenecía,
originalmente, a la Dirección General de Radio, Televisión y Cinematografía, que era de la Secretaría de Gobernación. De entrada,
eso ya nos tachaba de ser los protegidos del gobierno, decían que
éramos "gobiernistas". Por el contrario, el CUEC era la escuela
revolucionaria. En un principio, esta diferencia de origen se juntó
con una diferencia de género. Los del CUEC, como eran "revolu-
cionarios" y no tenían recursos para hacer películas, hacían más
bien documentales en los que dominaba el contenido social y político. En cambio, nosotros, como éramos los "gobiernistas", se
suponía que hacíamos otro tipo de cine más orientado a la ficción.

En realidad, esta etiqueta de que era una escuela para preparar gente que hacía cine de ficción o cine de documental, vino justamente a raíz de que iban a cerrar la escuela. Como iban a cerrar el CCC, la primera generación tuvo que recibirse, y para ello todos tuvieron que terminar sus películas, porque necesitaban algo que avalara lo que habían hecho. La mayoría hizo cortos de ficción, y de ahí quedó como establecido que nuestra escuela era más de ficción que de documental. Sin embargo, con los años se ha visto que es bastante parejo.

Las diferentes inclinaciones iniciales dejaron de tener importancia porque hubo un suceso que unió a las dos escuelas. Cuando el CCC apenas tenía tres años de existencia, Margarita López Portillo decide cerrar la escuela, nuestra escuela, para ahorrar dinero, porque decía que ¿para qué se querían dos escuelas de cine si bastaba con una? En ese momento se dio una cosa insólita: los del CUEC y los de ciencias políticas y sociales de la UNAM, que eran muy conscientes de lo que estaba sucediendo, organizaron toda una manifestación para apoyarnos y que no cerraran la escuela. Pensaban que dos escuelas eran muy pocas para poder preparar toda la demanda de gente que quería estudiar cine.

Después del acto de solidaridad del CUEC, no hay tal rivalidad entre las dos escuelas. Yo diría que más bien son dos proyectos que se complementan, dos escuelas hermanas. Además, ahora, ya no hay ni límite de edad para entrar ni requisito obligatorio de tener estudios de otra carrera. La cuestión genérica también cambió radicalmente. Antes, en el CCC, el primer año era un curso general de lenguaje cinematográfico y el segundo año era como reforzar un poco lo del primer año. El tercer año era ficción, se hacía la tesis y se acababa. Ahora se hace documental y ficción, porque cuando entró Eduardo Maldonado como director del CCC, después de Alfredo Joskowicz, se cambió el plan de estudios y se introdujo un año dedicado a hacer cine documental. Ese año fue fundamental en la formación del plan académico del CCC.

Otra cosa que le criticaban al CCC era que eran películas formalmente muy bonitas, pero que supuestamente no contaban nada. Frente a estas películas, se decía que las del CUEC tenían un contenido social importante, aunque estuvieran hechas con material vencido y sin luces. Independientemente de lo que haga o no haga el CUEC, ha sido un reto para el CCC superar este aspecto formal de las películas para realmente buscar un contenido que conmueva. La parte documental, promovida primero por Eduardo Maldonado y después por Juan Paco Urrusti, le ha dado mucha fuerza a la escuela. De hecho, actualmente, en el CCC lo más fuerte está en documental. El primer resultado del taller de Eduardo Maldonado fue una película de Dana Rotberg sobre Elvira Luz Cruz, una mujer que mató a sus hijos. Dana hizo una película excelente, fue un documental realmente muy conmovedor. Entre los resultados más recientes del taller de cine documental del CCC destaca, por ejemplo, el de Juan Carlos Rulfo, *El abuelo Cheno*.

Me parece que esta división entre el CUEC y el CCC es como un espejismo; los integrantes de las dos escuelas siempre hemos trabajado juntos y tenemos mucha camaradería. Por ejemplo, varias personas que en algún momento tuvieron problemas con Marcela Fernández Violante cuando era directora del CUEC, se pasaron al CCC. Además, ex-alumnos o alumnos del CCC y del CUEC trabajaron juntos en equipos; por ejemplo, yo trabajé mucho con Alfonso Cuarón, que es egresado del CUEC. También nosotras formamos un grupo de trabajo con integrantes de ambas escuelas para hacer una serie de televisión que se llamó *De la vida de las mujeres*. De las integrantes del grupo: Marisa Sistach, Olga Cáceres, Consuelo Garrido, que es guionista, y yo éramos egresadas del CCC, y Dora Guerra era del CUEC. Nosotras leíamos los guiones en el taller, entre nosotras mismas, con la asesoría de Juan Tovar, y ahí sí veíamos alguna diferencia académica con Dora, que estaba acostumbrada a trabajar de otra manera; pero eran diferencias muy sutiles que no eran importantes.

Voy a retroceder unos años para presentar un panorama de los grandes cambios por los que pasa la industria cinematográfica para así explicar cómo los egresados, con su preparación, se introducen dentro de este sistema y, ya que mis colegas no están aquí, voy hablar un poco de todas ellas.

El auge del cine mexicano de la Época de Oro se debió a un esquema de producción y distribución muy específico. Los distribuidores y exhibidores latinoamericanos pedían a los productores norteamericanos las películas que necesitaban. Los productores nortemericanos, como estaban en guerra (Segunda Guerra Mundial), se las encargaban a los productores mexicanos. Matilde Landeta pudo filmar porque ella les ofrecía las películas a los exhibidores y a los distribuidores latinoamericanos, y ellos pagaban por adelantado. Aunque Matilde no tenía una formación académica, porque no existía, lo que le permitió ingresar a la carrera cinematográfica fue el hecho de que hablaba inglés. El Sindicato de Trabajadores de la Producción Cinematográfica (STPC) era un sindicato muy cerrado a que las mujeres trabajaran en algo que no fuera maquillaje o vestuario, pero a Matilde le permitieron ser *script*, algo así como asistente de dirección, porque hablaba inglés. A finales de los cuarenta, muchos de los productores y el capital invertido en cine venía de Estados Unidos y por eso contrataban a Matilde, para que hablara inglés. Matilde aprovecha el modo de producción de estos años y la ayuda de su hermano para hacer sus películas. Pero es un esquema de producción que, como veíamos, acabado este periodo desaparece.

Tras el periodo de la Segunda Guerra Mundial, Estados Unidos regresó con sus capitales a su país y enseguida se acabó el negocio en México. Coincidió con que en estas fechas también se creó el Banco Nacional Cinematográfico (1942), después de lo cual el Estado empezó a volverse el rector de este tipo de negocios. Con la intervención estatal, a la larga, se pierde la libertad de comercio que tenían los productores privados de cine y se termina con el esquema de producción del cine de la Época de Oro.

Quitado el apoyo a los productores privados, el Estado casi acabó monopolizando toda la producción cinematográfica. Eso no quiere decir que no hubiera cine comercial; como había toda una industria cinematográfica estatal que las apuntalaba, se hicieron películas que tuvieron un público. En los setenta, en la época de Echeverría, entraron de lleno al cine comercial los directores debu-

tantes que habían estudiado en las escuelas de cine: Paul Leduc
que había estudiado en Francia, Sergio Olhovich que estudió en
Moscú, Juan Manuel Torres en la escuela de Praga, y los egresados
del CUEC: Jaime Humberto Hermosillo, Jorge Fons, Marcela Fernández Violante y Alfredo Joskowicz. Marcela Fernández Violante
fue la primera realizadora egresada de la escuela de cine. A ella le
tocó una época en la que se hacía el cine de Estado y daban todo el
dinero a los realizadores para hacer sus películas. Es mucho méri-
to de Marcela haber podido hacer películas con directores como
Felipe Cazals, Jaime Humberto Hermosillo, Arturo Ripstein y
Jorge Fons. Era una generación realmente muy difícil, porque ellos
se vanagloriaban de ser "machines" e incluso decían que le daban
a Marcela los proyectos que a ellos no les gustaban, lo cual no es
cierto porque Marcela supo hacer suyos esos proyectos. Su *ópera
prima, De todos modos Juan te llamas,* es realmente una película muy
buena sobre la época de la revolución cristera que fue importante
en su momento. Yo creo que ahí sí la formación de la escuela fue
fundamental.

Las cosas cambiaron porque, como en el cine de Echeverría se
gastaba muchísimo dinero en las películas, de pronto, ya no había
dinero. Para solucionar esta situación, surge una nueva fórmula
de producción que yo veo muy relacionada con la que habíamos
aprendido en las escuelas. En los noventa, el modo de producción
de "comida regalada" ayudó mucho a nuestra generación de cineastas a hacer películas. Como IMCINE no financiaba más del cincuenta por ciento del costo de la producción, los directores tuvieron que buscar sus recursos de todos lados: no sólo del gobierno,
sino también de la iniciativa privada, de empresas, de universidades. Para ayudar al financiamiento de las películas, en 1986 se
fundó el Fondo de Fomento a la Calidad Cinematográfica (FFCC),
integrado por dos representantes del Estado, siete de los sindicatos, y en el que también participaban los productores privados.
Después de hecha la película, a medida que ibas recuperando
dinero con las ventas, les ibas pagando a los coproductores: tanto
al IMCINE como al FFCC.

Aparte, en los noventa, nosotros los realizadores nos convertimos en productores de nuestro trabajo; tú tenías que tener una casa productora que pusiera capital o trabajo. Nosotros creamos Producciones Romelia[3], que puso trabajo: el guión y la dirección. Ese trabajo tenía un costo económico que nosotros aportamos como parte del financiamiento y que era el equivalente al quince por ciento del costo de la película. Otra parte de nuestro trabajo la cobramos de lo que nos prestó el FFCC e IMCINE, pero no quisimos cobrar todo nuestro salario de ese dinero porque preferíamos que fuera antes para la película que para nosotros.

Estas casas productoras que trabajaron durante 1988-1994 lucharon por abatir costos, trataron de presentar una alternativa al esquema de producción privado, que en México estaba muy viciado. Pongamos, por ejemplo, que los productores privados decían que la película costaba cien; ellos hacían la película con cuarenta y se quedaban con sesenta. El resultado era que salían películas muy malas, porque desde el guión pagaban muy poco. En cambio, nosotros no inflábamos el presupuesto, decíamos: "Si la película cuesta cuarenta, cuesta cuarenta. No cuesta cien." Y no solamente eso, sino que nosotros, en vez de quedarnos con dinero para hacer la película, poníamos dinero para hacerla. Pagábamos por hacer la película y cuidábamos que fuera conforme a lo que realmente costaba. Esa fue la gran aportación de los noventa al cine industrial: la gente realmente hacía las películas por amor al cine, no para enriquecerse. Además, había otra diferencia: mientras que los productores privados hacían las películas como enchiladas, una tras otra, tras otra, tras otra; nosotros hacíamos una película cada seis años. Entonces, obviamente, no lo íbamos a hacer con afán de lucro.

En los noventa, también hubo un aspecto del sexenio de Echeverría que se mantuvo: se trató de asegurar no solamente la pro-

---

[3] Producciones Romelia se funda en febrero de 1991. Busi Cortés es la directora, Gina Terán es la productora ejecutiva y Carmen Cortés y Alicia Molina también participan.

ducción, sino también la exhibición y la distribución. Eso hizo que
en el estreno de *Serpientes y escaleras*, por ejemplo, en una sola función yo tuviera muchísimo más público que todo el público que
han tenido mis cortometrajes desde que los filmé. Era padrísimo
saber que cada semana se estaba presentando una película mexicana. Además, cuando los egresados de las escuelas de cine empezamos a fomentar un nuevo esquema de producción, Matilde Landeta, que no había hecho una película en cuarenta años, y Marcela
Fernández Violante, que también había dejado de filmar por casi'
seis años, vuelven a filmar.

La generación de realizadoras contemporáneas está compuesta
de egresadas de ambas escuelas. Dana Rotberg, Marisa Sistach,
Eva López y yo estudiamos en el Centro de Capacitación Cinematográfica. En cambio, María Novaro y Marcela Fernández Violante son del CUEC. En el caso de María y de Beatriz Novaro ambas
tienen una formación diferente. Beatriz tiene una formación más
literaria que cinematográfica; ella llevó sólo un curso de guión
cinematográfico de un año en el CCC. En cambio, María, sí hizo
toda la carrera de cine. En el caso de Guita Schyfter, yo desconoz-
co cuál es su formación académica. Sé que ella tiene una formación de documentalista importante y una formación en televisión
educativa también muy importante. Ella empezó su carrera en los
años setenta en la televisión educativa e hizo documentales después. Tiene un documental, *Xochimilco*, que fue premiado en
varias partes.

Eva López-Sánchez fue una alumna muy brillante del CCC a la
que yo admiraba mucho. Viene de una generación en la que todos
los participantes han hecho carrera cinematográfica, ya sea como
fotógrafos, realizadores, productores, etc. Cuando ellos estaban
estudiando, surgió un proyecto de producción entre las escuelas y
el Consejo Nacional para la Cultura y las Artes. Se trataba de hacer
cortometrajes de ficción de media hora sobre historias de amor en
la ciudad de México y se llamaba *Encuentros y desencuentros en la
ciudad de México*. Se pusieron a concurso todos los proyectos, y Eva
López-Sánchez presentó un guión que fue aprobado por las auto-

ridades de la escuela, pero no por los representantes del Consejo Nacional para la Cultura y las Artes. Lo que más me impresionó fue que aunque no fue aprobado, Eva lo hizo. No dijo: "Bueno, como no lo aceptan, pues no lo hago." No, ella lo hizo y lo terminó. Eva es muy luchona y más adelante hizo un corto de tesis, *Objetos perdidos*, que le permitió concursar para el Oscar y le dio la oportunidad de hacer su primer largometraje, *Dama de Noche*. Este largometraje no fue muy bien recibido por la crítica y, lo que nos pasa a todas, le dio un bajón fuerte.

En el caso de Marisa Sistach, ella y yo tenemos muchas cosas en común: hemos trabajado juntas, somos amigas y tenemos dos hijos de la misma edad que han estado en las mismas escuelas. Sin embargo, Marisa se formó en la primaria y secundaria en el Liceo Franco-Mexicano y sus papás son catalanes; desde ese punto de vista, ella tiene una formación muy diferente a la mía, porque mis papás son de Guanajuato, de una familia muy religiosa y conservadora. Marisa siempre tuvo inquietudes sociales muy fuertes que se mostraron en el contenido de sus películas. Su tesis en el CCC fue *Y si platicamos de agosto*, una historia de amor de dos adolescentes donde se tocaba como telón de fondo el tema del 68. Después, hizo un mediometraje importante que se llama *Conozco a las tres*, en donde también se veía un poco esta inquietud social que siempre ha tenido Marisa. Últimamente hizo *Anoche soñé contigo*, que es una historia de adolescentes donde cambia completamente el estilo, porque no es una película personal. El guión lo escribió Pepe Buil, adaptando una idea de Alfonso Reyes. Como era una película financiada por un productor privado, sí tenía que cumplir ciertas reglas muy específicas que le interesaban al productor para hacer una película realmente como de negocio.

Respecto a mí, siempre he vinculado mi trabajo profesional al trabajo académico, sobre todo, en lo que se refiere a mis películas. Cortos y largometrajes siempre han formado parte de algún proyecto académico, ya sea como estudiante o como maestra. Mi formación en el CCC y en la Universidad Iberoamericana, donde estudié la carrera de comunicación, han sido fundamentales en mi desarrollo. Me gustaría terminar repitiendo que en mi caso, como en el de mis compañeras, sin las escuelas de cine no hubiéramos podido hacer muchas cosas. Para poder introducirnos en el proceso de producción cinematográfica, ha sido fundamental la experiencia que nos proporcionaron las escuelas de cine.

ABREVIATURAS

d: Director(a)
du: Duración
ed: Editor(a)
f: Director(a) de la fotografía
g: Guionista
m: Compositor(a) de la música
p: Protagonistas
pr: Productor(a)
s: Sonido

2. GUITA SCHYFTER

Guita Schyfter estudió psicología y se especializó en psicología educativa. Interesada por los programas educativos para televisión, entró en contacto con el mundo de la imagen y, tras trabajar en televisión educativa, filmó documentales históricos. Más tarde hizo dos largometrajes de ficción. A lo largo de toda su obra Schyfter se ha interesado por las diferencias culturales. En la mayoría de sus guiones Schyfter trabajó con Hugo Hiriart (véase la introducción a Hiriart para más detalle).

Nacida en San José de Costa Rica en 1947, Guita Schyfter fue a México para estudiar psicología en 1965, y se graduó en 1969 en psicología social[4]. Schyfter fue la primera de las directoras entrevistadas en estudiar cine. Pensó presentarse al examen de entrada al Centro de Capacitación Cinematográfica (CCC) en 1974, el año en que se abría la escuela. Sin embargo, Schyfter cambió de idea y en 1975 se fue a Inglaterra a estudiar medios audiovisuales en el Instituto de Tecnología Educativa de la Universidad Abierta, con una beca del Consejo Británico. Entre las clases que tomó estaba la de producción de programas educativos, que la entusiasmó tanto que decidió ampliar sus estudios. Consiguió otra beca del Consejo Británico para estudiar producción de televisión en la BBC en 1977.

De vuelta a México, Schyfter trabajó en la televisión: primero en la serie "Telesecundaria", para el canal 4, y luego hizo audiovisuales para el Archivo General de la Nación. Entre 1983 y1984, trabajó en la Unidad de Televisión Educativa y Cultural (UTEC),

---

[4] Schyfter completó su licenciatura en psicología en la UNAM con la tesis *Desensibilización sistemática: reporte de un caso.*

Guita Schyfter.

donde los egresados de las escuelas hacían series de televisión de calidad. Marisa Sistach y Busi Cortés, que fueron de las primeras en graduarse, también trabajaron para la UTEC. Al aplicar sus conocimientos de psicología infantil a la preparación de audiovisuales y programas de televisión, Schyfter descubrió su entusiasmo por los medios de comunicación. Así, pasó de educar niños a educar adultos, de hacer televisión educativa a hacer documentales en vídeo sobre temas históricos o artísticos. Al mismo tiempo que trabajaba como documentalista, Schyfter fue productora de obras de teatro. Como productora, trabajó en varias obras de Hugo Hiriart, entre ellas: *Minotastas y su familia* (1980), *Simulacros* (1983), *Intimidad* (1984) y *Tablero de la pasión de juguete* (1991). Schyfter aprendió a repartir fondos, a seleccionar el vestuario y a trabajar con actores. Más tarde, aplicó estos conocimientos y realizó *Los caminos de Greene* (1986), un documental dramatizado hecho con actores profesionales que marcó su entrada en la ficción. *Los caminos de Greene* cuestiona los prejuicios del escritor anglosajón Graham Greene en su visita a México. Primero, Schyfter incluye una dramatización de un desagradable encuentro de Greene con un dentista, luego desarrolla a un cura, uno de los personajes de la obra de Greene *El poder y la gloria*. Este cura vuelve a Tabasco durante la guerra cristera y es aprehendido por las fuerzas del gobierno. Para producir este largometraje, Schyfter recurrió a instituciones estatales y privadas. Consiguió dinero de la Secretaría de Agricultura y el Gobierno de Tabasco, y pidió ayuda a la Treinta zona militar, que le prestó los caballos y algunos soldados; a la Unión Ganadera, que facilitó los camiones de carga; a Lorente Torruco, que le permitió usar sus barcos camaroneros para la película; y a la comisión Federal de Electricidad.

Su trabajo como documentalista culmina con *Xochimilco: Historia de un paisaje* (1990). Este documental, hecho en 16 mm y luego pasado a 35 mm, describe la historia y ecología del área de Xochimilco. La región, situada a 30 kilómetros de México D.F., se caracteriza por la agricultura de chinampas (pequeñas islas de tierra fértil conectadas por canales). *Xochimilco* vuelve a los tiempos

anteriores a la conquista, cuando esta región alimentaba a la gran
ciudad de Tenochtitlan, traza los cambios que vinieron con la conquista y explora el papel que esta área tuvo durante el siglo XIX y
la Revolución Mexicana. *Xochimilco* recibió el Ariel (premio de la
Academia Mexicana de Ciencias y Artes Cinematográficas) al
Mejor Documental de Mediometraje (1990).

En 1985, inspirándose en una lectura de Isaac Bashevis Singer,
Schyfter decidió hacer una película sobre sus raíces judías. La
directora siempre tuvo la idea de hablar de su experiencia como
judía en una cultura mayoritariamente católica, pero nunca quiso
hacerlo de una manera autobiográfica. En 1991, con la experiencia
que había ganado haciendo documentales, produciendo obras de
teatro y dirigiendo el docudrama, Schyfter dirigió a 58 actores e
hizo su primera obra en 35 mm. Schyfter adaptó partes de la novela de la sefardita mexicana Rosa Nissan para su película *Novia que
te vea* (1991). A la experiencia de la sefardita Oshi, que aparecía en
la novela de Nissan, se añadió la de Rifke, una judía askenazí
como la misma Schyfter. A través de Rifke, Schyfter trata el tema
del socialismo judío; y a través de Oshi, el de las expectativas sobre
el matrimonio. *Novia que te vea* reconstruye la vida de tres generaciones judías. En los años cuarenta, los abuelos de Oshi llegan a
México desde Turquía. En los años sesenta, transcurre la vida de
los padres y tíos de Oshi y Rifke, y también las actividades revolu-
cionarias de Rifke. En los ochenta termina la película con el reen-
cuentro de las amigas.

Aprovechando el apoyo al "cine de calidad" durante los seis
años de gobierno de Carlos Salinas de Gortari (1988-1994), Schyfter pudo hacer *Novia que te vea*. Esta co-producción nacional fue de
casi un millón de dólares y tuvo el apoyo del Instituto Mexicano
de Cinematografía (IMCINE), el Fondo de Fomento a la Calidad
Cinematográfica (FFCC), Arte nuevo (la productora de Schyfter) e
inversores independientes. Aunque *Novia que te vea* fue terminada
en febrero de 1993, no se exhibió comercialmente hasta más de un
año después. Ganó el Premio del Público en la VIII Muestra de
Cine Mexicano en Guadalajara (1993); el Premio del Público del

Festival Latino de Chicago (1993); el premio del VI Concurso de Fidecomiso de Estímulo al Cine Mexicano (1993); tres Heraldos, concedidos por el periódico *El Heraldo de México*, al Mejor Guión (Rosa Nissan y Hugo Hiriart), a la Mejor Fotografía (Toni Khun), y a la Mejor Actuación Femenina (Angélica Aragón) (1994); cinco Arieles: a la Mejor Ópera Prima (Schyfter), al Mejor Argumento Original Escrito para Cine (Hugo Hiriart), al Mejor Vestuario (Maria Estela Fernández), a la Mejor Coactuación Femenina (Angélica Aragón) y al Mejor Sonido (Salvador de la Fuente) (1994). También obtuvo el Premio Especial de la Crítica, en el festival "La Mujer y el Cine", en Mar de Plata, Argentina (1994).

En su segundo largometraje de ficción, *Sucesos distantes* (1994), el entomólogo Arturo Fabre se obsesiona por descubrir el pasado de su mujer, la actriz rusa Irene Gorenko. Fabre descubrió una carta en ruso que contenía una fotografía de Irene con otro hombre y empezó a tener celos. Los celos crecen cuando Fabre recibe la visita de Viktor Fet, quien supuestamente es el segundo marido de Irene. Fet le dice a Fabre que viene para avisarle a Irene que su primer marido la anda buscando. Con estas intrigas, Arturo desconfía de Irene, pero no es capaz de discutir el tema abiertamente. El proceso de exhibición de *Sucesos distantes* fue lento; aunque la película estaba terminada en septiembre de 1994, no se exhibió comercialmente hasta abril de 1996.

FILMOGRAFÍA

1979-80: Series de televisión sobre apreciación artística.
1980-81: Veinte documentales sobre la historia de México.
1983-84: Documentales sobre artistas mexicanos
    Rufino Tamayo, Vicente Rojo, Luis Cardoza y Aragón, Cavernario Galindo, Héctor Mendoza.
1986: *Los caminos de Greene.*
    pr: el gobierno de Tabasco, la Secretaría de Agricultura; d: Guita Schyfter; g: Hugo Hiriart; f: Mario Luna; m: Joaquín

Gutiérrez Heras; s: Carlos Aguilar; p: Martín Aylett, Alejandro Parodi, Eduardo Caña, María Rojo.

1990: *Xochimilco: Historia de un paisaje.*

1991: Documentales:
La fiesta y *La sombra, retrato de David Silveti* y *Tamayo a los 91 años.*

1992: *Novia que te vea*
pr: Coproducción Nacional; Instituto Mexicano de Cinematografía, Fondo de Fomento a la Calidad Cinematográfica, Arte Nuevo; d: Guita Schyfter; g: Hugo Hiriart, Guita Schyfter; f: Toni Kuhn; ed: Carlos Bolado; s: Salvador de la Fuente; p: Claudette Maille (Oshi), Maya Mishalska (Rifke), Ernesto Laguardia (Saavedra), Angélica Aragón (madre de Oshi), Verónica Langer (madre de Rifke), Mercedes Pascual (abuela Sol), Pedro Armendáriz (padre de Saavedra); du: 90 min. Color, b/n.

1995: *Sucesos distantes*
pr: Instituto Mexicano de Cinematografía, Producciones Arte Nuevo, Cooperativa Conexión, Universidad de Guadalajara, Fondo de Fomento para la Cultura y las Artes; d: Guita Schyfter; g: Hugo Hiriart, Guita Schyfter, Alejandro Lubezki; f: Carlos Marcovich; ed: Sigfrido Barjau; m: Eduardo Gamboa; s: Salvador de la Fuente; p: Angélica Aragón (Irene), Fernando Balzaretti (Arturo), Emilio Echevarría (Viktor Fet), Abraham Stavans (Doctor Mazur), Martha Verduzco (Directora), Jesús Ochoa (Hércules), Jorge Zarate (Aburto), Claudette Maille (mujer fábrica); du: 99 min. Color.

"Del pánico que me daba... tenía que tomar pastillas"

Una de las características que da unidad a tus películas es que hay personajes de culturas distintas que se miran mutuamente, ¿podrías explicarme por qué?

Yo tengo sensibilidad a las diferencias culturales porque en Costa Rica, donde nací, no pertenecía a la cultura mayoritaria sino a una comunidad pequeña judía. Siempre tuve la sensación de sentirme extranjera. Cuando en 1965 me fui de Costa Rica y me vine a estudiar a México me pareció, un poco, el paraíso. Aquí vivían judíos, libaneses, exiliados españoles, comunidades indígenas, chinos... En los setenta llegaron muchos exiliados latinoamericanos huyendo de las represiones políticas de Argentina, Uruguay, Chile y Guatemala. Yo sentí que aquí rechazaban a todos los que consideraban extranjeros, pero al mismo tiempo todo el mundo podía vivir sin problemas. Los chistes se diluían hacia todos, porque se burlaban de la manera de hablar de todo el mundo y no sólo del acento de los judíos, como lo sufrí creciendo en Costa Rica. Al llegar a México me sentí, aunque parezca extraño, parte de un grupo: el extranjero. Yo siempre he pensado que este país es el paraíso para los extranjeros, por más que lo critiquen. De ningún país han escrito tanto los escritores ingleses como de México y la realidad sigue siendo como siempre se ha dicho: "México tiene un imán para los extranjeros." Una vez que llegan aquí es dificilísimo irse. Yo misma me naturalicé mexicana en 1973.

Hablemos un poco de tu carrera como cineasta. ¿Es difícil para una mujer el soñar con hacer una película?

No sé para otras mujeres, pero para mí sí fue una cosa difícil de alcanzar. En los setenta fui a una muestra de cine en la que pasaron una película de Agnes Varda. De lo que me acuerdo, es de la sorpresa de ver que estaba hecha por una mujer. Me dije: "Caray, las mujeres también pueden hacer cine." Mi sorpresa creo que se debe a que yo siempre fui, o soy, tardada en darme cuenta de una serie de cosas. Así me pasó desde adolescente: quería estudiar medicina para ser psiquiatra. Me encantaban esas novelas de

Archibald Joseph Cronin de médicos, *Las llaves del reino*, *Cuerpos y almas*, con las que tenía fantasías. También había leído a Freud y me interesaba la interpretación de los sueños. Sin embargo, me asustaba el que para ser psiquiatra se necesitaba, primero, estudiar medicina y después hacer el entrenamiento para dar terapia. Por eso, junto al sueño y la fantasía se encontraba el miedo. Creía que se trataba de una aspiración demasiado alta y yo misma ponía límites a mis propios sueños. Yo creo que esta falta de confianza en mí misma estaba relacionada, en gran medida, con mi educación como mujer. Tenía muy pocos modelos que seguir en Costa Rica; que yo me acuerde, sólo había una mujer doctora. El resultado fue que me limité a estudiar psicología educativa, lo cual me parecía perfectamente alcanzable.

Después de estudiar psicología, ¿qué hiciste?

En 1974 se me pasó por la cabeza estudiar cine en el Centro de Capacitación Cinematográfica (CCC), pero no llegué ni siquiera a hacer el examen de entrada. Cuando un amigo en la Universidad Nacional Autónoma de México, donde trabajaba, me recordó que yo tenía que cuidar a una hija chiquita y no podía trabajar en las mañanas, me desanimé. En 1975 recibí una beca del Consejo Británico y me fui a Inglaterra, al Instituto de Tecnología Educativa de la Universidad Abierta. Como aquí en México querían lanzar una universidad abierta, me enviaron a una especie de curso de entrenamiento en el área de medios audiovisuales para que aprendiera el funcionamiento de este tipo de universidad. En el entrenamiento pasabas tres meses en cada una de las diferentes áreas. Una de esas áreas era la de producción de programas educativos para la televisión. A mí me mandaron con la productora de televisión Carol Haslam. Y fue una suerte para mí. Ella estaba produciendo, me acuerdo, un programa sobre Cuba, y a mí me fascinó el montaje del documental, ponerle música, editarlo, etc. Así que un día le dije: "¡Cómo me gustaría aprender a hacer lo que tú haces!" Entonces ella me contestó: "¿Por qué no estudias?" A lo que le respondí: "No puedo porque tengo una hija chiquita." Pero Haslam me contestó: "Yo también, y además voy a tener otro. Estoy embarazada." Y añadió para mi buena suerte: "Y, si quieres, ahorita le hablo a mi marido que es el director del curso de producción de programas educativos en el British Council." Lo fui a ver y llené mi solicitud de ingreso al curso.

En ese momento mi vida dio un giro completo. Primero, me liberé de un mundo académico que no era para mí y, además, encontré lo que en verdad me apasionaba: filmar. Tenía treinta años cuando el British Council me extendió otra beca para continuar con un curso de producción de televisión en la BBC. De vuelta a México trabajé en la televisión educativa. Al principio, entre 1979 y 1980, dirigí tres programas semanales sobre educación artística y sobre educación para la salud para la "Telesecundaria", que se transmitían a través del canal 4 e iban dirigidos a los estudiantes de la secundaria. Después, en 1980 y 1981, hice veinte audiovisuales de historia de México para el Archivo General de la Nación, cuya sede era la vieja cárcel de Lecumberri. Éstos consistían en un documental hecho a base de fotos de los documentos guardados en el Archivo. Disfruté muchísimo haciendo este trabajo. Más tarde, entre 1983 y 1984, hice documentales para una serie de televisión llamada *Los nuestros*, proyectada en el canal cultural 11 de televisión y producida por la UTEC, que pertenecía a la Secretaría de Educación.

¿Cuándo empezaste a hacer ficción?

En 1986 hice mi primer documental dramatizado, *Los caminos de Greene*, sobre la visita a México del escritor inglés Graham Greene. A menudo la gente me preguntaba si me interesaba hacer ficción, y yo siempre contestaba que no, que lo que quería hacer era documental. Y es cierto que me gustaba de verdad hacer documental, pero yo creo que, de nuevo, no me atrevía. *Los caminos de Greene* marcó la transición entre hacer documental y hacer una película de ficción. Me acuerdo que, del pánico que me daba dirigir actores, tenía que tomar pastillas para los nervios.

¿Qué te hizo sobreponerte al pánico?

Hacerlo. Lo hice sin darme mucha cuenta de lo que implicaba. Hay que atreverse y te atreves más cuando no sabes bien todo lo que conlleva. Sin darme cuenta, ya estaba grabando en la selva de

Tabasco este docudrama. Mi debut vino en el primer día de filmación, cuando se estropeó la cámara. Estábamos filmando una escena en la que el barco tenía que pasar por el sitio donde se juntan el río y el mar. Los actores, que ya estaban en el barco, de tanto esperar se empezaron a marear y tenían náuseas, y tuvieron que ir a rescatarlos unos marineros que pasaban por ahí. Pero la productora, Leonor Álvarez, me dijo: "Cuando en el primer día de filmación todo se cae, es señal de buena suerte y todo va a salir bien después. Eso lo saben todos los directores." Entonces yo me tranquilicé. Iba resolviendo las cosas sobre la marcha, pues ya no había manera de salir huyendo. Sin embargo, la sensación de miedo cuando tenía que ir a trabajar con algunos actores, especialmente los más experimentados, no se me quitaba. Me daba horror pensar que dijeran: "Y esta farsante *amateur*, que nunca ha hecho nada, ¿qué?" Conmigo todo va despacio; no es que diga: "Ahora voy a hacer una película", no. La primera película tardé cinco o seis años en pensarla. Y al principio ni siquiera le dije a nadie que tenía ganas de hacerla.

Me dijiste en una entrevista que tuvimos hace siete meses que Los caminos de Greene *sigue siendo tu obra favorita, ¿por qué?*

Bueno, es un decir, pero sí le tengo mucho cariño por varias razones. Fue la primera vez que trabajé con actores profesionales de cine: María Rojo, Alejandro Parodi, Humberto Enríquez y un muy joven Daniel Giménez Cacho, que era la primera vez que filmaba. Además, era mi primera experiencia en lanzarme a la ficción, y no sólo eso, también me gusta el tema. Cuando estudiaba en Inglaterra, leí un cuento de Somerset Maugham que se llama *The Hairless Mexican (El mexicano calvo)* pensé: "¡Es increíble que Somerset tuviera el acierto de advertir ciertos rasgos culturales del mexicano, otros del inglés y que pudiera contraponerlos!" Esa mirada de Maugham sobre otra cultura es lo que a mí me ha interesado siempre. Todos mis trabajos reproducen, de alguna manera, esta dinámica: son la mirada de una cultura hacia otra.

Cuando Greene visita México en 1983, lo mira a través de su cultura anglosajona. Primero en un reportaje titulado *Lawless*

Roads (Caminos sin ley) y luego en la novela *El poder y la gloria*. Fíjate, esa mirada es interesantísimo analizarla. Greene era muy católico y llega a México poco después de la guerra cristera de los años treinta. Esta guerra civil fue resultado del llamado "conflicto religioso", que enfrentó al clero católico con el gobierno revolucionario mexicano. Greene viaja al estado de Tabasco, que era el único donde los templos seguían cerrados y los cultos suspendidos. La religión y el alcohol estaban prohibidos porque su gobernador, Garrido Canaval, los consideraba los dos grandes males de la sociedad. El resto del país ya había parado un poco la persecución a los católicos. El hecho es que la persecución que él ve queda transformada en la novela, porque Greene viene de una cultura protestante, donde ser católico se asocia con la idea de pertenecer a una minoría. En vez de fijarse en cuál había sido el papel de la Iglesia en México, él lo único que ve es la discriminación. Es decir, usa su experiencia personal para interpretar lo "otro". No es capaz de darse cuenta de que en un país que ha sido mayoritariamente católico, aunque se persiga a los católicos, no se les está discriminando por cuestiones teológicas. No entiende que lo que está viendo es una guerra contra el poder eclesiástico y su intromisión en la política; no se percata de la participación de la Iglesia en materias del Estado y de su alianza con las clases política y económicamente dominantes. Se le escapa que muchos de los mexicanos tienen cierto rechazo hacia la Iglesia como institución, hacia los sacerdotes, hacia los curas, aunque ellos mismos sean católicos muy exigentes. Yo creo que ésto él no lo pudo ver. De todas maneras, su novela es extraordinaria e interesante, porque muestra cómo él vio el problema religioso en México.

Entonces, ¿piensas que no hay una mirada sin un bagaje cultural?

Sí, la mirada objetiva no existe. Tú vienes de tu cultura ya hecho así, con un bagaje cultural que te hace interpretar lo que ves. Por eso, cuando vas a otros lugares, las costumbres te parecen tan extrañas: si tú vas a China, todo te ha de parecer extrañísimo. Si no tuvieras ese bagaje cultural, tú llegas a China y nada te llama la atención.

Hablemos de tu primer largometraje, Novia que te vea *(1992).*
¿Crees que tu experiencia de la vida se parece más a la lucha de la sefardi-
ta Oshinica Mataraso (Claudette Maille) o a de la askenazí Rifke Groman
(Maya Mishalska), tus dos protagonistas femeninas?

En realidad, en mi adolescencia tuve las preocupaciones de las
dos. Hay muchas cosas de Oshi que son mías: yo también crecí en
un ambiente donde lo que se esperaba de mí era que me casara, y
que me casara bien. De esta expectativa de matrimonio es de
donde viene el título de la película: *Novia que te vea* es una especie
de bendición que se les da a los niños para desearles que algún día
lleguen a casarse. Desde niña yo también me crié con esa expectativa, pero fui rebelde a muchas cosas, entre otras a la idea de
"casarme bien". Pero lo del matrimonio no se razona y ya, sino
que queda una reminiscencia, queda la herida de no haber hecho
lo que se esperaba de ti como mujer. Y en una zona de ti hay una
sensación de fracaso. Aunque, claro, Oshi viene del grupo sefardita, que es más conservador, y lo que se exige de ella es el matrimonio. Su situación tiene que entenderse en toda su complejidad: el
gran problema de Oshi es que quiere ser pintora, que quiere reali-
zarse como mujer. Sin embargo, si se realiza, no cumple con los
ideales que su familia, por ser mujer, le ha inculcado. Visto así, el
problema de Oshi es independiente de si viene del grupo judío o
si viene del grupo de origen español o si es mexicana, lo que le
pasa a ella le puede pasar a cualquier mujer de esa época.

Rifke, la otra protagonista, ejemplifica una problemática distinta. Ella quiere, por un lado, ser parte de la cultura mayoritaria,
pero al mismo tiempo conservar sus raíces judías. Esto no es sencillo, y trae muchos problemas. De niña yo también quería lo
mismo: ser judía, pero también recibir regalos de Navidad, como
los otros niños, y poner árbol y nacimiento. Mi hermana es un
ejemplo similar. En Costa Rica había muchas monjas católicas de
todas las denominaciones, con diferentes uniformes. Mi hermana
quería ser monja y se encerraba en el baño a rezarle a una Virgen
de los Ángeles, la patrona de Costa Rica, que dibujaba en el suelo.
Ya adolescente, estaba el problema del compromiso político, que

es parte del mismo tema porque la política es otra manera de pertenecer a algo. A Rifke y a mí nos tocó vivir los sesenta y setenta, que fueron muy ideologizados. Sin embargo, aunque ambas deseábamos "pertenecer" a través de la política, nuestro compromiso era de distinta intensidad. Rifke, mucho más comprometida que yo, estaba preocupada por dónde militar: ¿en México o en Israel? Ése no era mi problema. Yo no llegué a militar en ningún partido, aunque fui simpatizante del movimiento estudiantil del 68 en México y saqué miles de copias en el mimeógrafo. Mi compromiso no fue mucho más allá, y eso también tuvo sus consecuencias: culpa y vergüenza.

Hablemos de tu segundo largometraje, Sucesos distantes *(1995), donde un matrimonio maduro se ve obligado a preguntarse sobre los límites de su intimidad. Me interesa la importancia de la psicología en la película, ¿por qué Arturo Fabre (Fernando Balzaretti) tiene que ir a terapia?*

Porque él es un hombre infeliz. Ésa es una pregunta muy chistosa, porque yo fui y le pedí a mi psicoanalista que hiciese el pequeño papel de psicoanalista que hay en la película. Entonces ella me dijo: "Y tu personaje, ¿por qué va a terapia? Yo necesito saber por qué él va a terapia." Yo le contesté: "No importa por qué él va a terapia específicamente. Uno va a terapia porque quiere estar más tranquilo." Yo me imagino que él es un científico de vida muy ordenada que tiene miedo a exteriorizar sus sentimientos. Arturo Fabre, como gran parte de los científicos que conozco, investiga en su laboratorio de forma muy controlada una serie de problemas. Del laboratorio se va a su casa, donde tiene una vida familiar bastante armoniosa con su mujer. Ella, la actriz rusa Irene Gorenko [Angélica Aragón], también tiene un cierto control de las cosas. En el momento en el que empieza la película, ella está ensayando una obra de teatro que se va a estrenar, y podemos suponer que está contenta. Las piezas en la vida de ella más o menos encajan, menos una. Hay una parte del pasado de Irene a la que Arturo no tiene acceso. Es un hueco, un vacío, e Irene se niega a llenarlo: no quiere hablar de eso. Arturo se empieza a poner muy nervioso; se obsesiona por averiguar cuál fue la vida de su mujer en Rusia, antes de que él la conociera. Ahí, él entra en un terreno muy resbaladizo, porque el pasado de su mujer es un área que él no puede manejar. No es un experimento científico que esté bajo su control. Y sufre.

Me gustaría hablar un poco más sobre la relación de Arturo e Irene. ¿Cómo es, en tus palabras, su relación?

Una buena relación. Cuando se encontraron, ya no muy jóvenes, los dos tenían fe en la relación y ganas de seguir adelante. Es un matrimonio que funciona bien porque los dos tienen cierto éxito en sus respectivas carreras y porque los dos necesitan los límites que les marca su trabajo. Arturo no tiene facilidad para manejar los sentimientos; es como muchos de los científicos que yo conozco, a los que una gran pasión o una gran tristeza los desquicia. Prefieren que no haya explosiones emocionales y viven la vida con ciertos horarios, con cierto ritmo, con cierto orden. La dificultad de tratar los sentimientos y la rutina en la que viven se proyecta en la manera de resolver problemas: por ejemplo, Fabre intenta entender o controlar a su pareja de la misma manera que maneja las variables en su laboratorio. Y yo creo que Gorenko también necesita este orden, aunque por otras razones. En una situación rutinaria donde las cosas que se esperan tienen lugar, ella puede olvidar. Y ella quiere y necesita olvidar.

Justo al principio de la película, Irene empieza a tener pesadillas. ¿Me podrías decir por qué?

Irene siempre ha tenido pesadillas y con una de ellas empieza la película. Arturo dice: "Todo empezó cuando Irene volvió a llorar. Había dejado de llorar, pero volvió a llorar." Yo creo que ella periódicamente tenía pesadillas y periódicamente lloraba, y Arturo no le daba mucha importancia. Arturo se daba cuenta, pero él nunca se paró a pensar qué le estaba sucediendo a Irene. Muchas veces, cuando alguien llora y le preguntan "¿Qué pasa?", la respuesta es: "Me siento mal, ya se me pasará, no es nada." Algo así debió de decirle Irene las otras veces. En un matrimonio, uno se da cuenta de que, a veces, es mejor no indagar demasiado. Es difícil manejar los sentimientos ajenos. Cuando estás con una amiga o con alguien y te cuenta algo muy doloroso, ¿qué puedes hacer con eso? Eso asusta. Entonces, bueno, algunos, como Fabre, no preguntan demasiado. Es interesante fijarse también en que el aparente desinterés de Arturo le conviene a Irene: ella no quiere que le pregunten demasiado.

Sin embargo un día, años después de casados, algo pasa; hay un chispazo, un detonante. ¡Quién sabe qué lo desata! Coincide con que, en ese preciso momento, Arturo encuentra una foto y una carta en ruso que le han enviado a su mujer y piensa: "Aquí debe de estar la razón." La foto, en la que Irene está muy cerca de otro hombre en lo que parece una obra de teatro, a lo mejor no significa nada. Sin embargo, Arturo, como científico, siempre anda buscando las motivaciones; cree que en todo hay causa y efecto, y que todo puede ser explicado. Y, como no puede entender la conducta de Irene, se dice a sí mismo: "¡Ah!, en esta foto y esta carta puede estar la verdad que quiero averiguar."

El malentendido de Arturo en *Sucesos distantes* es un pretexto para hablar de cómo intentamos comprender y juzgar a los otros. Arturo cree que conoce a Irene, pero en un momento descubre algo de ella, y ese nuevo conocimiento pone en entredicho quién es la otra persona. Arturo siente que Irene ya no es la misma y que a esa nueva persona él ya no la conoce. Este tema se discute dentro de la película misma a través de la historia de Melusina. La mamá de Arturo, que tiene Alzheimer, le cuenta un cuento medieval en el que también el deseo de conocer la intimidad del otro tiene consecuencias nefastas. Melusina acepta casarse con un duque, pero le pone una condición: debe respetar su deseo de ausentarse un día a la semana sin que él le pregunte a dónde va. El duque acepta la petición y la pareja vive feliz. Pero, un día, el duque decide saber a dónde va Melusina cuando se ausenta. La sigue de lejos y, cuando se interna en un bosque, descubre que se mete a un río y se convierte en dragón. Él se horroriza y, al mismo tiempo, es descubierto por Melusina convertida en dragón. Y, por supuesto, al darse cuenta de que el duque rompió su promesa y la siguió, Melusina se aleja para siempre. Yo quería mostrar en la película cómo nos transforma esta nueva información que recibimos. Y también sugerir una respuesta al problema. Estoy de acuerdo con Isaac Bashevis Singer, que es como mi gurú. Él dice: "No trates de entender a la gente. La motivación humana no tiene explicación: ¿por qué una gente actúa así hoy y mañana actúa de esta otra manera?, quién sabe. No se puede saber. La gente es inexplicable."

¿Cómo se aplica la moraleja de la historia medieval a Arturo e Irene? ¿La relación de ellos también se estropea porque Arturo quiere saber cuáles son las motivaciones de Irene?

Un poco sí. Cuando tú tienes una relación con alguien, esa persona puede decidir qué parte de ella misma quiere dar a esa relación. Muchas veces, uno no puede aceptar que sea solamente un pedacito; queremos más, queremos toda la persona, penetrar en su intimidad más recóndita. El conflicto surge cuando la otra persona no quiere mostrar más. Arturo no acepta que Irene no le dé más que un pedacito de su pasado, pero tampoco se atreve a entenderla ni a preguntarle nada. Por eso se obsesiona y piensa: "Algo esconde, otro hombre, tal vez." Y ahí entran en juego los celos, que lo invaden hasta no dejarlo vivir ni trabajar como antes. La relación se convierte en un juego de intrigas. Primero, aparece el misterioso Viktor Fet [Emilio Echeverría], quien alega ser el segundo marido de Irene. Este tipo de intrigas es muy común en la vida en parejas, creo yo, aunque quizás en el caso de Arturo Fabre está agigantado. Bueno, así sigue la trama de la película, pero es mejor no contarla hasta su desenlace.

Antes de finalizar, me gustaría saber quiénes produjeron tus películas y cómo. Hablemos primero de Novia que te vea.

En *Novia que te vea* fueron: el Fondo de Fomento a la Calidad Cinematográfica (FFCC), el Instituto Mexicano de Cinematografía (IMCINE), y Arte Nuevo, mi compañía productora. El FFCC da un crédito blando; es decir, de bajo interés. Además, el préstamo es a fondo perdido; se invierte sin la seguridad de recuperar la inversión. Si tu película gana, tú les pagas el préstamo, si no, no. Si recuperas la inversión a través de las ventas de taquilla, los puntos regresan al productor, que en este caso soy yo.

Perdona, Guita, ¿qué son los puntos?

Las películas se dividen en cien puntos y cada punto tiene un cierto valor. Dependiendo de cuánto dinero pone, cada persona es dueña de un número de puntos. Por ejemplo, si yo tengo un cuarenta por ciento de los puntos de la película, y la película gana cien pesos, yo me quedo con cuarenta pesos. O yo, a mí vez, puedo vender mis cuarenta puntos a una tercera persona, por dinero para la producción o para lo que yo quiera.

Ya entiendo. Entonces, ¿con qué porcentaje participó cada uno de los productores de Novia que te vea*?*

Antes de que la película se vendiera, el FFCC tenía un diecinueve por ciento de los puntos de la película. Después, cuando le liquidé al FFCC el préstamo que le debía, a IMCINE le pertenecía un sesenta por ciento y a Arte Nuevo un cuarenta por ciento.

¿Y en tu segundo largometraje?

Yo, realmente, no me acuerdo del tanto por ciento exacto de cada productor en *Sucesos distantes*. Los productores fueron IMCINE, la Universidad de Guadalajara, Producciones Arte Nuevo, El Fondo Nacional para la Cultura y las Artes (FONCA) y la Cooperativa Conexión. Esta última estaba compuesta por el *staff* –tramoya, electricistas y utilería– que tenía una cooperativa. Ellos participaron en la producción cobrando menos, a cambio de recibir puntos en la película. La película costó unos 800.000 dólares, pero no estoy segura porque, aunque conseguí el dinero, no lo repartí. La distribución del dinero en una producción es un campo que yo no manejo; por eso, a través de mi productora, Arte Nuevo, contraté a Laura Imperiale. Ella hizo lo que en México se llama producción ejecutiva: distribuyó y decidió a dónde iba el dinero para la producción. Imperiale hacía las cuentas con IMCINE y yo, con una confianza absoluta, me desentendí: la experta era ella.

¿Me podrías describir cuál fue tú experiencia con los técnicos en ambas películas?

El rodaje de *Novia que te vea* fue difícil. En primer lugar, era la primera vez que trabajaba con un equipo de cine: sindicato, decoradores, maquillistas... Además, tenía que dirigir a unos 58 actores entre estelares, primeras partes y bits. Y me imagino que, por una parte, como era mi *ópera prima*, no tenían la confianza de que pudiera llevar a cabo esta empresa. Además, hubo mucha tensión y pleitos entre las diferentes personas encargadas de las diversas áreas en el rodaje. La película salió bien porque, a pesar de todo, el equipo estaba conformado por gente muy profesional y de primerísima: Toni Kuhn, en la fotografía; Teresa Pecannis, en la dirección de arte; Tita Lombardo, en la producción ejecutiva; Salvador de la Fuente, en el sonido, etc. Ellos lograron que, en su trabajo, no se notaran los pleitos internos. Trabajar en la edición con Carlos Bolado y en la música con Joaquín Gutiérrez Heras fue una delicia, especialmente después de ese rodaje tan tenso. Como dice un amigo mío: "Lo que pasó en *Novia* fue el precio de la novatada."

El *staff* de *Sucesos distantes* es el mejor *staff* con el que he trabajado. Fueron completamente profesionales: todos habían leído el guión, siempre mantuvieron un espíritu de cooperación, etc., fue una delicia trabajar con ellos. Tuvimos un rodaje sin tensiones y divertido, donde trabajamos muy a gusto. No sé si se debía a que era mi segundo trabajo o a que el equipo de trabajo, en esta ocasión, se integró muy bien. Volví a trabajar, feliz, con Angélica Aragón y Emilio Echeverría, y por primera vez con Fernando Balzaretti, un actor a quien yo admiraba mucho por su trabajo en el teatro y en el cine, que lamentablemente falleció hace poco. También estaba un grupo de primeros actores en apariciones especiales: Abraham Stavans, Marta Verduzco, Claudette Maille, Jesús Ochoa, Mario Iván Martínez y Lucía Balzarretti.

Gracias Guita, ha sido un placer para mí hablar contigo.

3. HUGO HIRIART

Hugo Hiriart tiene una vasta obra artística como novelista, periodista, dramaturgo y guionista de cine y televisión. Hiriart ha ganado múltiples premios en todas estas áreas.

Hugo Hiriart nació en la ciudad de México en 1942. De sus once libros, destacan *Galaor* (1972), que ganó el premio Xavier Villaurrutia, y *La destrucción de todas las cosas* (1992). Hiriart trabajó como articulista en los periódicos *Excélsior*, *Uno más uno*, *La Jornada*, *La Jornada Semanal* y en las revistas *Vuelta* y *Nexos*. El prolífico dramaturgo escribió y, en la mayoría de los casos, también dirigió sus quince obras de teatro, realizadas entre 1972 y 1993. Destacan *La ginecomaquia* (1972), que ganó el premio Julio Bracho en 1980; *Minotasio y su familia* (1980), que se representó en México, Costa Rica y Alemania; e *Intimidad* (1984), que obtuvo un gran éxito de público en el XIII Festival Internacional Cervantino y el teatro Granero. *Intimidad* es especialmente importante para este libro porque fue llevada al cine por Dana Rotberg, una de las directoras entrevistadas en este volumen. La versión cinematográfica, descrita en la entrevista con Rotberg, difiere en algunos aspectos de la obra de teatro en la cual se basa. En esta última, se alternan dos parejas que recitan letanías de quejas y expresan su ansiedad al compañero.

Hiriart escribió diez guiones para documental, que Guita Schyfter dirigió para televisión, y a menudo hizo de narrador en los documentales. Entre estos destaca *Los caminos de Greene* (1986), un docudrama sobre el viaje de Graham Greene, el escritor británico, a Tabasco y su interpretación de católico anglosajón sobre la

Hugo Hiriart

guerra cristera. La entrevista con Schyfter describe este documental con más detalle. Su carrera como escritor de documentales culmina con *Xochimilco: Historia de un paisaje* (1990), con el que
Hiriart y Schyfter recibieron el Ariel (premio de la Academia
Mexicana de Ciencias y Artes Cinematográficas) al Mejor Documental de Mediometraje. *Xochimilco* describe la ecología y da la
historia de esta región, cercana a la ciudad de México, que se
caracteriza por las chinampas, pequeñas islas de tierra fértil rodea-
das de agua.

Hiriart escribió cinco guiones para cine. Uno de ellos, *Novia que
te vea*, se inspira en la novela del mismo nombre de Rosa Nissan y
fue dirigido por Schyfter. Esta película cuenta la vida de una familia judía que emigró a México a lo largo de tres generaciones. En
1993, Hiriart y Nissan ganaron un Heraldo, otorgado por el periódico *El Heraldo de México*, al mejor guión. En 1994, Hiriart también
ganó un Ariel al mejor argumento original escrito para cine.
Hiriart también escribió el guión para *Sucesos distantes* (1994), que
fue dirigido por Schyfter. En esta película, un entomólogo pretende estudiar la vida de su mujer, una actriz rusa, de la misma manera que estudia a sus insectos. Hugo Hiriart ha recibido becas de las
instituciones Woodrow Wilson (1988) y Guggenheim (1983), y es
miembro de varios consejos de teatro y del Instituto Nacional de
Cinematografía.

"CALLEJÓN ESTRECHO DE DOBLE SENTIDO"

¿Cuál es la colaboración que existe entre tú y Guita?
Hacemos juntos los guiones. Cuando sale mejor, realmente, es
cuando a ella se le ocurre la historia y yo la desarrollo. Somos muy
diferentes. Si ella empezara a llevar al cine cosas que yo he escrito,
se volvería una especie de secretaria cinematográfica; perdería su
identidad, y eso no es conveniente. Además, lo que yo hago, a ella
no le nace hacerlo. A mí me encanta lo artificial, me gusta más que
lo natural.

¿En qué consiste el trabajo que Guita hizo contigo en tu obra de teatro Intimidad?

Ella fue productora; la que maneja todo el dinero, la que consigue los actores, la que consigue las cosas..., la que organiza todo. Ella manda al del vestuario, discute con él y le dice: "Ese saco no le queda bien a este cuate." En realidad, es difícil ser buen productor porque requiere saber ayudar al director; en cambio, un productor muy "listo" se apodera de la obra y la hace él. Tampoco eso es conveniente, porque hay que dejar cada honor a su trabajo. Con Guita he trabajado muy bien, sin problemas. Como yo soy muy descuidado e infortunado en todo lo que se relaciona con la administración del dinero y de las cosas, el tener a alguien en quien poder confiar completamente es una maravilla, porque así me puedo olvidar. Y cuando no ha trabajado conmigo he buscado quien lo haga para no hacerlo yo.

Cuéntame ¿cuál fue la historia de Intimidad, *cómo surgió, dónde se estrenó, qué recepción tuvo en el público?*

Intimidad se me ocurrió en Nueva York, en casa de un amigo nuestro que trabajaba en el consulado de México. Él nos invitó a quedarnos, pero el cuarto era tan chiquito que para salir tenía que pasar por encima de Guita. Estábamos rozándonos todo el tiempo y yo me dije: "Este contacto tan estrecho, esta pegazón, es muy ilustrativa de la vida en pareja." Muy ilustrativa físicamente, porque aquí estamos pegados físicamente, pero lo que uno está es pegado mentalmente a la pareja; muchas veces uno no tiene un espacio propio. Con esa idea en la cabeza, empecé a redactar una obra cuyo propósito era hablar de la vida en pareja en general: heterosexuales y homosexuales, y explicar por qué esa vida es tan absolutamente difícil. A veces piensa uno que es hasta imposible, ¿no? Entonces escribí *Intimidad*, una obra muy moderna que no tenía personajes y tenía unas cuantas situaciones que se repetían constantemente. Hay unos monólogos, unas situaciones que se repiten muchas veces. Primero vemos una escena de un pleito conyugal y luego aparece la misma escena, pero contada por otro actor que va deteniendo la escena y explicando por qué pasan las cosas. Así se desarrollaba la obra hasta el final, que es una cantata que describe el éxtasis sexual, el orgasmo. La describe en términos totalmente de Masters and Johnson[5], puramente físicos. Como le puso música Joaquín Gutiérrez —que está bastante bonita la música— era muy curioso y chistoso oír en esa música esa descripción del orgasmo que cantan los cuatro personajes a coro.

La obra fue estrenada en el Festival Cervantino en 1984 y tuvo mucho éxito. La escenografía incluía una muñeca de ocho metros de alto que hizo Juan Sandoval, que quedó muy bonita iluminada por dentro. Durante toda la obra, tú estás viendo la muñeca y por ahí entran y salen los personajes; como si la muñeca los pariera. Al final se enciende y se ve una especie de atlas anatómico de la cabeza; se ve la calavera y los músculos de la cabeza. Entonces, es una cosa muy impresionante. La cabeza y las manos de la muñeca están ahora en el Museo López Velarde. Es una cabeza olmeca gigantesca que mide más de uno cincuenta de alto. Luego, pasaron varios años del estreno y volvimos a montar *Intimidad* en el teatro El Granero. Es un teatro muy generoso, siempre se llena. Montamos una cama que se movía despacito y estaba iluminada por dentro. Los espectadores, que estaban en los cuatro lados del teatro, la veían en el centro. Todo sucedía en la cama esa, que no está mal para una cosa de la vida en pareja, ¿no? La obra tuvo muchísimo éxito aquí en México; tanto, que dábamos dos funciones y se llenaban las dos.

Te voy a hablar con toda franqueza: yo sí pensaba que la obra podía funcionar en el cine. Hubiera quedado —todavía puede quedar, porque todavía se puede hacer— una obra revolucionaria. Sería una película completamente diferente a la que dirigió Dana Rotberg. Yo la filmaría en un estudio y no saldría nunca de allí. Lo único que haría es que, en vez de que los personajes repitieran sus monólogos —como pasa en la obra de teatro—, la repetición la viéramos en la pantalla otra vez y otra vez. Mucho más impresionan-

---

[5] Masters, William, y Johnson, Virginia, *Human Sexual Response*, Boston, Little Brown, 1966.

te. El cine está hecho para lo trivial; por ejemplo, un foco fundido se puede elevar a símbolo de derrota total. Ya no tienes energía ni para cambiar el foco. También la energía se gasta en la vida en pareja.

¿Cúal fue el origen de Intimidad, *la película?*

Vino León Constantiner, el productor de la película de Dana Rotberg, y me compró los derechos. La mandó adaptar al cine por Rotberg y por Leonardo García Tsao. Hicieron una adaptación tal que no quedó nada de la obra, ni un diálogo, ni los personajes, ni el sentido de la obra. Yo lo que quería era una exploración de la vida en pareja; quería contestar ¿por qué es tan difícil?, ¿por qué se rompe tan fácilmente?, ¿por qué no nos podemos soportar?, ¿por qué nos invadimos de esa manera unos a otros? Ellos armaron con eso una historia de un empleado..., una cosa grotesca. Por ejemplo, en la obra había una escena que se repetía. Primero la hacía una pareja heterosexual y luego la hacían, simultaneamente, dos parejas homosexuales (dos hombres y dos mujeres). Sin embargo, en la adaptación, en lugar de conservar las dos parejas homosexuales, Rotberg y García Tsao pusieron que la pareja heterosexual tenía un hijo que era gay, lo cual le molestaba al padre. Una cosa estúpida, completamente contraria a lo que yo pienso; yo jamás habría hecho eso. Cuando yo leí el guión, le dije al productor: "Constantiner, ¿para qué me compraste mi obra de teatro? No dejaste nada aquí, perfectamente puedes firmarla sin poner que es mía ni nada." Y, ¿sabes qué me dijo Constantiner? Me dijo: "Ah, ¿de veras?"

Yo no estoy de acuerdo, creo que no podrían haber hecho la película sin tu obra.

Me parece raro.

La preocupación y la percepción psicológica de Julio y Marta, la pareja mayor, no la podrían haber hecho sin tu obra.

Déjame que te haga una observación —aunque, a lo mejor, me paso de sutil—. Este hombre, Julio, es una persona que está en esa edad en la que tú reflexionas acerca de si has alcanzado en la vida lo que aspirabas. Y entonces él piensa que no, se queja y dice que no ha alcanzado nada. Bueno, tú sabes que eso lo puede subscribir cualquier persona. Por ejemplo, una artista que aparentemente ha triunfado, de seguro en su intimidad siente que no alcanzó lo que quería inclusive los artistas exitosos. Por ejemplo, Borges en Madrid dijo una vez: "Yo siempre temo. Yo creo que hice trampa y temo que me van a descubrir y van a decir: 'Lo que este señor hizo no es nada'. De veras, no alcancé a hacer nada; fue poquísimo. No sé por qué le gusta a la gente." Bueno, eso no es lo que sentía Borges, falsa modestia, eso es lo que de veras siente cualquier gente. Entonces, no tiene que ver con un fracaso real. ¿Me explico? Tiene que ver con una cosa interna de valoración de lo que tú haces, que de alguna manera también tiene que ver con la vida en pareja. O sea, hay un momento en que descubres que lo que tú creías que iba a ser no es, y que es otra cosa distinta. Generalmente, menor a lo que tú pensabas, con más problemas, con más dureza, con sentimientos que ni creías ni esperabas tú que pudieran florecer. Posiblemente, brotar, porque ¡florecer...! Eso no; odios y cosas no. Esta alusión al fracaso, Rotberg y García Tsao la tomaron de una manera literal; como si fuera el caso de una persona que objetivamente ha fracasado. Una persona que a los ojos de un tercero, no a los ojos de él mismo, diría: "He fracasado." Esa diferencia, a mí, sí me parece importante en cuanto a la esencia de la pieza. No es lo mismo decir: "Este hombre fracasó" que decir: "Todos fracasamos." Su sentido, su alcance, es completamente distinto. Si tomas el fracaso de una manera literal habría que preguntarse ¿por qué?, ¿qué pasó?, ¿qué le pasó?, ¿no trabajaba suficiente?, ¿era tonto?, ¿qué era? Si no lo entiendes como un fracaso literal, la afirmación no es acerca de las peculiaridades de nadie, sino de la esencia misma de lo que es intentar hacer algo.

Veamos con un poco más de detalle lo que me has estado diciendo: ¿Por qué en la parte que tiene que decir Julio hay una acotación en la que se pide que esa parte se diga "como si fuera leída"? Él está pensando un poco sobre su obra y entonces dice...

Ah, sí, sí. Ese pedazo es en el que él se está citando como escritor, ¿no? Él estaba, equivocadamente, escribiendo mentalmente su biografía, como tanta gente hace. Él supone que alguien ha escrito su vida y se imagina a alguien leyendo su biografía cuando él ya no está. Y entonces dice que sabía que estaba en el clímax de su poder creador, estorbado por esa mujer, que era una mujer muy difícil. Ese pedazo debe decirse como si fuera leído, porque mentalmente es como si Julio estuviera leyendo; está como citando de su propia biografía.

¿Por qué se repiten las mismas respuestas y preguntas constantemente? Por ejemplo, las referencias a "la aguja" y "el Suizo".

Yo quería referirme a la banalidad de la vida cotidiana, quería poner un diálogo y elevarlo como a modelo, y luego decir: "Llénelo con lo que usted quiera." Ahí dice: "Y se perdió una aguja", que es un objeto banal. Pero, en vez de la aguja, puedes poner lo que sea: "¿Fuiste a recoger al niño? ¿Compraste lo que te dije? ¿Pagaste el teléfono? Cualquier cosa de las mil cosas que ocupan la banalidad de todos los días. Y, la verdad, si uno las atiende y paga su deuda con la vida diaria, no tienen por qué ser ni molestas siquiera; si uno dice: "Bueno, voy a ir a pagar el teléfono y voy a hacer una pequeña cola y voy a..." Bueno, pues es un tiempo que está uno ahí parado, en la cola, leyendo. Las cosas esas, que son aparentemente inofensivas, se vuelven extremadamente difíciles de gobernar cuando uno las descuida. Cuando uno se niega a hacerlas, se vuelven terriblemente enormes y surge mucha agresividad. Si uno no le hace caso a su mujer, luego se enoja uno de que la mujer esté amargada y que no tenga más que reproche para uno. Uno no está pagando la deuda que tiene con ella, que hay que pagarla a fuerza, porque si no se cobra ella sola. Y cuando se cobra ella sola, lo hace en términos brutales, y es muy desagradable.

¿Por qué tienen las parejas homosexuales, Pepa-Marta y Julio-Pedro, los mismos diálogos? ¿No hay diferencias entre gays y lesbianas?

Sí, exactamente; por eso tienen los mismos diálogos. Con eso quiero mostrar, de una manera obvia y clara, que no importa si la pareja es gay o lesbiana, homosexual o heterosexual. El problema no está en eso, el problema está en la relación de pareja. El problema está en la convivencia.

¿Y es lo mismo para hombres que para mujeres?

Sí. Estoy seguro, yo creo que sí. Una mujer que primero tuvo una relación heterosexual y luego vivió con una muchacha escribió un libro y cuenta que es lo mismo.

En tu obra de teatro, al hablar de la intimidad de la pareja dices que se trata de un "callejón estrecho de doble sentido", ¿podrías explicar el sentido de esta metáfora?

Hay un momento en el que generalmente —pues podría ser que no, que hubiera una pareja que no fuera así— se estorban mutuamente; como si quisieran avanzar, y uno no dejara avanzar al otro; como en un callejón de doble sentido muy estrecho en el que las dos personas no pueden pasar a la vez.

¡Ah! Es un callejón por el que camina gente en sentido contrario. Por eso, cuando se encuentran, uno casi no deja pasar al otro.

Sí. Y uno siente que no es libre, que está como... detenido. Es frecuente que esto suceda. No sólo porque uno quiera hacer cosas que la pareja sancione, digamos que porque le guste a uno otra muchacha, otra mujer, eso pues, ahí es obvio. Muchas veces las disputas surgen cuando uno quiere hacer una cosa y el otro quiere hacer otra. Por ejemplo, tienen un terrenito y lo venden. Uno quería pedir más dinero y al otro le pareció suficiente, porque pensó que a lo mejor no lo venderían. Y lo venden, pero queda para siempre el reproche de que él es un loco, que se deshizo de ese terreno sin pensar, que no se puede discutir, que es un incapaz. Y en las relaciones de pareja las cosas no pasan sino que quedan ahí. Siempre hay la cosa esa de "El día ese en que tú me dejaste y te viniste con el coche y estaba lloviendo y yo me quedé ahí..." Y se vuelve como un rito. Un rito es un mito actualizado. La escena se mitifica y las cosas se repiten simbólicamente; se actualizan los pleitos como ritual.

Entonces, con la escena del terrenito por ejemplo, ¿cómo se convierte en rito?

Ya cada vez que hay una disputa de dinero, ella le va a decir (ahí está el rito): "No, no, tú no manejes eso, porque tú eres un manirroto. ¿Te acuerdas de lo que hiciste con el terreno?" Eso constituye una prueba negativa de cómo es el otro y le permite a la mujer negarle la posibilidad de manejar su dinero, para que ella lo maneje. La pequeña disputa por el poder de aquel viejo error se actualiza y se vuelve eficiente; se repite ritualmente, generalmente con las mismas palabras y todo.

¿Tiene esto que ver con la escena primera de tu obra Intimidad *en la que hay un ritual?*

Sí, exactamente, muy bien visto. *Intimidad* empieza con un ritual totalmente extraño. En realidad, la pareja le da el sentido al rito, pero si alguien lo ve desde afuera, lo ve como un ritual totalmente incomprensible y absurdo, loco, estúpido.

Muy en general, ¿qué es la intimidad de la pareja?

La intimidad de la pareja es el espacio que se comparte, pero no el espacio físico sino mental; la intimidad es el lugar donde uno sitúa a su pareja y el otro a la suya. Lo que yo pienso de mi mujer, lo que ella piensa de mí; ese espacio común, esa es la intimidad de la pareja. Lo que yo sé que ella opina de mí, lo que ella sabe que yo opino de ella. Es un terreno realmente infernal, porque es muy difícil que uno no lastime a la otra persona pensando esto y lo otro, y más, diciéndoselo. Pero esa es la zona en la que las cosas, a veces, adquieren un carácter simbólico y, además, se magnifican notablemente. Lo más trivial se vuelve importantísimo. Es una zona donde, generalmente, no hay perdón, no hay olvido: "Te equivocaste. Ya." Es un expediente, cada uno tiene su expediente. Pero este tipo de postura no funciona, porque de una manera brutal hace objeto al otro, lo cosifica. Dice: "Tú eres así. Tú eres el que hace esto y esto y esto." Y eso lo lastima a uno, porque uno no quiere que lo reduzcan jamás a eso. Uno sabe que uno es libre y que podría actuar distinto la siguiente vez. Le quitan a uno la libertad: "Sí, yo ya sé lo que vas a hacer tú. Ya sé quién eres tú." Ese pensamiento es muy angustioso para el que le están diciendo eso, ¿no? Porque lo determina; es como si el otro fuera ya una cosa mecánica. Pero la intimidad no es sólo negativa. Hay que ver qué pasa cuando una pareja vive mucho tiempo y se muere uno de los dos, ¿cómo se queda el otro? También hay un espacio compartido de cosas alegres, de cosas que funcionan bien o que funcionaron bien o que se pasaron juntos: una memoria compartida. Pero no sólo memoria, es también un tribunal donde se juzgan uno al otro; se determinan y le hacen perder libertad al otro.

Entonces, el núcleo del conflicto es la falta de libertad; el que el otro tenga una imagen fija de ti con la que tú no te puedes relacionar.

Y con esa imagen que uno rechaza. Porque, por buena que sea la imagen, uno la rechaza. Si yo te digo: "¡Qué inteligente eres!" te estoy quitando tu derecho a ser una estúpida cuando te dé la gana. Y ¿por qué no vas a ser una estúpida? ¿Quién te tiene prohibido eso?

¿Cuál sería la solución?

No hay. Cuando uno entra a la vida en pareja, uno entra a ese laberinto y no hay salida. La cosa es la discreción de los dos que están ahí. Por ejemplo, que uno no determine a su pareja; que no cree precedentes, que no le esté recordando eso, que no le esté reprochando nada. Luego hay otra cosa más diabólica: intentar educar al otro, cambiarlo. Eso sí, es terrible. Es un esfuerzo por hacer al otro diferente; por ejemplo cuando te dicen: "Eso que haces me molesta mucho." Eso es insoportable. ¿Qué vas a hacer con eso? Uno tiene defectos, ¿no? Si uno es maduro, uno sabe que tiene sus defectos; cuenta con ellos. Y sabes que eso no lo vas a cambiar. Sería sólo un milagro; tendría que pasar muchísimo tiempo o una catástrofe para que te hiciera cambiar eso. Entonces, que constantemente te estén diciendo que tú eres eso, y que eso está mal, "¡Que lo cambies!", eso es terrible. También te pueden decir: "¿Sabes qué? Yo ya no te quiero, pero estoy contigo sólo porque estoy mejor contigo que solo." Y tú adviertes eso en la conducta del otro: ya no hay ese cuidadito, esa cosa cariñosa, ese respeto. Ya se perdió, ya se gastó, ya no hay ni amistad. Lo bueno sería que la vida en pareja derivara en una amistad sólida —pues la amistad es la más feliz de todas las relaciones— pero es muy difícil que suceda, porque hay mucha carga sentimental ahí. Por ejemplo, tú tienes una amiga, y tu amiga te dura toda la vida sin ningún problema. Porque hay límites bien marcados y tú no le exiges nada. Ella es tu amiga; tú estás ahí para ayudarla, para compartir con ella las cosas, para comentarlas, para hablar con sinceridad. En la vida en pareja no; tú estas ahí para juzgar y condenar al otro, para exigirle, para reprocharle. Uno a un amigo no le reprocha, le admite todos sus defectos. Si es impuntual, llega tarde y dices: "Bueno, ya sé cómo es." No te importa en realidad demasiado que sea así. En la pareja no; la pareja llega tarde y se hace un problemón tremendo, se vuelve una ofensa. Para muchas personas es absolutamente imposible ser puntuales; no es que sea de mala leche, es que no pueden, están hechos así. Al principio, comprarle un regalito es una aventura tremenda. Piensas con toda el alma "¿qué le va a quedar?" Hay un momento en que ya ni compras nada; ya sabes que no hay perdón. Hagas lo que hagas, ya no hay perdón. Esa condena es terrible; es uno de los abismos de la relación en pareja. La persona inteligente sentimentalmente sabe cómo resolver eso.

¿A qué te refieres con "inteligente sentimentalmente"?

Me refiero a la persona que entiende, que sabe sobre las emociones; no se trata de razonar. La persona sentimentalmente inteligente hace un esfuerzo por no *repristinar* a la pareja, por hacer borrón y cuenta nueva, por decir: "Bueno, sí, es cierto que has hecho esto y aquello, pero ahora vamos a empezar de cero. No va a contar para mí." Así se puede renovar la vida en pareja un poco aunque sea. La cosa es que nos cuesta un trabajo tremendo perdonar y olvidar lo que nos ha agraviado, lo que sentimos que nos han hecho a nosotros.

¿Quieres decir que el recuerdo está muy relacionado con el amor?

Sí, muchísimo. Mira, el recuerdo es el que te hace a ti la mujer que eres; si no tuvieras memoria tú no tendrías identidad personal; no sabrías quién eres, podrías ser quien sea. Lo que te distingue es que tú fuiste esta niña tal, con este papá, con esta mamá, con estos hermanos, que estudiaste no sé dónde, que te pasó esto, que tuviste este novio, que te fuiste de España, que te acuerdas de la primera vez que viste a tu marido que tanto te gustó y las emociones que tuviste. Eso es lo que te hace a ti lo que tú eres. Y entonces, también el recuerdo es lo que hace a la pareja, pareja. Y la manipulación del recuerdo de un día al otro es muy frecuente en la vida de la pareja.

Manipulación, ¿en qué sentido?

En el sentido de que seleccionas, juntas todo lo malo de lo que te puedes acordar y se lo echas encima y le dices: "Ese horror, esa basura eres tú." Y excluyes, minuciosamente, las cosas bonitas y buenas que todo el mundo tiene. No las tomas en cuenta; tomas en cuenta lo que ha hecho el tipo mal, donde se ha visto mal, y entonces creas un retrato terrible de él mismo. Nomás imagínate lo que siente el angelito al que le dicen: "¿Cómo quieres que te siga queriendo? Tú te has destruido a ti mismo, has fracasado en todo lo que has intentado. Decías que ibas a ser presidente y, mira, no has llegado a nada, ni a su subdirector llegaste." Pues, ¿te gusta eso como para decirle a alguien? Mira, yo diría que conforme creces y te vas haciendo viejo, te vas conformando con las cosas, lo cual está muy bien. Vas diciendo: "Bueno, pues hasta aquí llegué, esto es lo que he podido hacer, esta es mi casa." Eso te puede hacer muy feliz, porque te quita toda la incertidumbre de la juventud y el anhelo ese, asfixiante, de llegar a no sé qué y a no sé cuánto. Pero si eso te lo amargan, si le dan un signo negativo en vez de un signo plácido a lo que has alcanzado, es monstruoso. Después de todo, los hechos no hablan por sí mismos; es como tú los interpretes.

¿Hay algún comentario más sobre Intimidad *que me quieras hacer?*

Un amigo me dijo que yo no había concluido *Intimidad*, que debiera haber sido mucho más duro y cruel al final. Yo no lo creo, pero me quedó siempre la duda. Mi amigo quería que acabase *Intimidad* diciendo que era imposible la vida en pareja. Casi lo dice, pero no puedo decir eso porque también es imposible estar solo: ¿Quién envidia a una persona que no tiene nada, que no tiene hijos, que no tiene a nadie? Es un tipo egoísta que anda ahí. Como decían Kafka y López Velarde: "Está de más." Es como un fantasma. Lo que te ata a las cosas es la pareja, los hijos, lo que vas logrando. Luego tienes tu escritorio, tu cama. Sin pareja, pues de plano eres un fantasma. Si te vas, nadie pregunta por ti ni nota que no estás; tampoco es un remedio de nada. La última escena de *Intimidad* la interpreto como causal; después de todo, la vida en pareja se hace alrededor de lo sexual, ¿no? Esa zona es tremendamente importante tenerla cubierta y es la que te debería llevar al intento de vivir en pareja. Si tienes otras razones que no sean esas, no tardarás en fracasar. Es muy curioso, es como si la naturaleza hiciera contigo lo que le da la gana, que es lo que hace. Cuando estás en la mejor edad te enloquece con hormonas, para que tú hagas lo que sea por estar con la pareja. Ya que te reproduces y tienes tu hijo, ya cumpliste y te olvidas. Ya no le importas. Lo que ella quiere es que tú tengas hijos, y que los cuides y los saques adelante. Lo demás no le interesa. Te deja ahí botado; no prevé qué pasa cuando ya tienes los hijos y ya cumpliste con la naturaleza. Que es, un poco, lo que les pasa a Julio y a Marta. Lo que él quería que yo dijera es que siempre se llega a esa etapa y que de esa etapa no se sale.

Después de escribir Intimidad *colaboraste con Guita en* Sucesos Distantes. *¿Cómo seguiste elaborando tu teoría sobre la pareja en esta película? Me interesa especialmente el personaje de Arturo Fabre. ¿Qué esfuerzos hace para conocer a su mujer?*

Mira te voy a decir qué le pasa a él. Supongamos que tú le dices a tu marido: "¿Qué hiciste el sábado pasado?" y él responde: "Mira, no te quiero decir y no te voy a decir nunca qué hice. Quiero guardar eso para mí y no lo quiero compartir contigo." Bueno, lo que te está diciendo no es nada ofensivo; sin embargo, eso te puede causar a ti una corrosión interna tremenda. ¿Por qué? Porque él te ha puesto un límite en su mente. Él dice: "Esa zona no la quiero tocar contigo. No quiero que me invadas todo. Eso no." Para entender lo que tu marido quiere se necesitaría una persona extremadamente madura, generosa, inteligente, sentimentalmente inteligente. Tú no puedes saber todo del otro, ni te conviene; es absurdo intentar penetrar en todas las zonas de alguien. Hay zonas de barrios bajos terribles que todos tenemos. Si tuvieras la oportunidad, deberías decir: "No, no quiero." Pero de todas maneras, aunque tú entiendas eso, te duele esa distancia que te pone el otro, y eso es lo que le pasa a Arturo Fabre. Si él fuera pasivo, simplemente pasivo, renunciaría a entender y ya; diría: "Está bien, quédate con eso." O si fuera muy apasionado diría: "Bueno, me voy. O me dices o me voy." Pero ya es un caso como de celos muy gruesos. Arturo Fabre traduce esa distancia que le pone su mujer en celos, interpreta mal. Volviendo al ejemplo de tu marido, si él te dice: "No te lo voy a decir nunca", no te está diciendo que es algo malo, pero la idea que tengas tú de él aflora en ese momento. Si tienes celos es como si le dijeras: "Hay una zona en ti horrenda que me traiciona." Eso puede ser muy injusto, ¿no? Ese es el problema de la pareja, que la pareja se quiere adueñar del otro. No le conviene ni está bien. Es muy elegante e inteligente decir: "Todo eso es tuyo y no me los pases a mí. Tú tienes tus zonas y yo tengo las mías. Allá quédate tú con eso." Arturo Fabre no entiende eso. La película está hecha para que él tenga una dura lección, que el respeto es lo apropiado y no lo otro que él tenía. Él interpretó todo de una manera grotesca y se metió en un montón de líos, pero al final dice: "Ya sé, ella hizo lo que hizo, y esa es su vida." Al final entiende y entonces se reconcilia con ella.

Por más esfuerzos que hagas, nunca llegarás al completo conocimiento de nadie. No es posible, y si fuera posible no sería deseable. Eso ya no es pareja, es una fundición, una cosa fundida. Mientras más libertad tiene el otro y más separado está, más pareja es tuya. Los dos son distintos y están por gusto juntos. El problema de las parejas que son novios jóvenes, y siguen y siguen y se casan, es que casi siempre se divorcian porque hay un momento en que no hay distinción entre uno y el otro. Ya no es ni pareja ni nada, ya es un batidillo ahí. ¿Entiendes? Ellos están tan juntos que se hace un espacio indistinto; no es que uno vaya a visitar al otro, no. Eso nadie lo aguanta. Tú velo: las parejas de novios de edad nunca se casan, y si se casan se separan rápido. En cambio, funcionan muy bien las parejas en las que el marido trabaja en otro lado y va a verla; hay espacios propios. Hasta, en general, funcionan mejor las parejas que no viven juntas y que no esperan nada el uno del otro. Por ejemplo, los matrimonios japoneses o judíos, esos que se planean, funcionan mucho mejor que los matrimonios nacidos del amor. Imagínate que te digan: "Tú vas a ver un día a tu mujer o a tu esposo, se van a casar y se marchan ya de luna de miel." Tú no concibes ninguna esperanza lunática, tú vas a sobrevivir con un desconocido. Si ese desconocido es un tipo dulce, tierno, cariñoso, considerado, tolerante, pues ya te sacaste la lotería y con poco te conformas. En cambio, del matrimonio de amor esperas glorias, éxtasis, que luego no se dan. Además, el amor más intenso suele ser el amor ilícito y breve: ese de tres semanas que no pide nada, que no hay esperanza de que dure. Tú te arrojas a ese amor con toda el alma. No temes fundirte porque sabes que está acotado, que sólo va a durar un determinado tiempo durante el cual, aunque te fundas, no te va a pasar nada.

Y ese amor, ¿no se puede dar dentro de una pareja estable?

No, jamás. Ese amor tiene su fin ahí, a tres pasos. Es corto, pero lo que alcanza a dar es verdaderamente como un huevo, como una cosa de fundirte tremendamente con el otro. Como la doble llama de la que habla Octavio Paz cuando dice que son las dos llamas que se hacen la misma.

4. Busi Cortés

Luz Eugenia Cortés Rocha, más conocida como "Busi Cortés", está interesada en hacer series de televisión para discapacitados y largometrajes de ficción. Combina la preocupación estética con el compromiso de ayudar a los graduados de las escuelas de cine a acceder a la industria cinematográfica. Muchas de las obras de Cortés —dos largometrajes, un mediometraje y tres cortos— son adaptaciones de obras literarias. En sus películas, Cortés hace uso del melodrama para llegar a un público amplio, profundizando en los conflictos emocionales en los que viven los personajes.

Cortés nació en 1950 en la ciudad de México. Hizo estudios de comunicación en la Universidad Iberoamericana (UIA), donde tuvo su primer contacto con la realización en cine y la televisión. En 1977, a los dos años de abrirse el Centro de Capacitación Cinematográfica (CCC), Cortés empezó a estudiar cine, carrera que entonces duraba cuatro años. En su tercer curso en el CCC, 1979-1980, filmó en blanco y negro *Las Buenromero,* inspirándose para el guión en el cuento de Julio Cortázar, *Circe.* Entre los muros de la casa antigua de provincias en la que se desarrolla el corto, viven tres hermanas: Refugio, Josefina y Matilde. Este espacio cerrado tiene una lógica independiente: las Buenromero rinden culto a su padre matando a los amantes que vienen a visitarlas. *Las Buenromero* ganó el segundo premio en el Festival Nacional de Documental y Cortometraje en Villahermosa, México (1987).

En el cuarto año, 1980-1981, Cortés filmó el corto *Un frágil retorno* (1980), en el que Elia, que padece del corazón, espera la llegada de su marido, Luis. Elia está en la oficina de Luis organizando su biblioteca y ha preparado una bella mesa para una cena romántí-

Busi Cortés

ca. En lugar del marido llega Silvia, su hermana, quien le anuncia, de la manera más delicada posible, que Luis ha muerto en un accidente aéreo. Elia pide que la dejen sola y, después de llorar, decide disfrutar de la cena con Silvia. Sin embargo, cuando las hermanas están cenando, llega Luis, que venía en un avión diferente. Al verle, Elia tiene un ataque al corazón y muere. *Un frágil retorno* fue exhibida en el ciclo "Con un toque femenino", en la sala Andrea Palma, México (1992).

En 1981, Cortés terminó sus estudios e hizo, como tesis de graduación, *Hotel Villa Goerne* (1981). Este mediometraje presenta a las mujeres como generadoras de la historia. En el hotel provinciano Villa Goerne viven Fernanda y tres tías: Mina Márquez, Argénida y el fantasma de la tía Eduviges. Al hotel llega a hospedarse Eligio, quien aspira a hacerse escritor. Eligio intenta apropiarse de la historia de las cuatro mujeres y presentarla como su obra, pero falla. Se convierte en un escribano que copia una historia de fantasmas familiares que ellas dictan. *Hotel Villa Goerne* se exhibió en México, en el Ciclo "Con un toque femenino", sala Andrea Palma, D.F. (1992); en el Festival Cinematográfico de Lille (1982); en la Semana Internacional de Cine de Manheim (1983); y en el Festival de Cine de Mujeres, Montreal (1985).

Durante los ochenta, pocos egresados de las escuelas podían hacer largometrajes industriales, porque en México se entraba en la industria cinematográfica a través de los sindicatos. Durante los siete años que siguieron a su graduación, Cortés trabajó, entre otros lugares, en la televisión educativa. La Unidad de Televisión Educativa (UTEC) era casi el único sitio donde se podían hacer trabajos con calidad artística. Allí, Cortés fue asistente de Alfredo Joskowicz y Felipe Cazals en la serie *Historia de la educación*. Entre 1983-84, Cortés también trabajó en la UTEC con Marisa Sistach, Olga Cáceres y Consuelo Garrido en la serie llamada *De la vida de las mujeres*, donde desarrollaron, de una manera experimental, la vida de personajes femeninos. Durante estos siete años, Cortés también dio clases en el CCC y la Iberoamericana, donde coordinaba los estudios de cine. Así, acabó uniendo la docencia y la produc-

ción fílmica en el corto *El lugar del corazón* (1984), coproducido por
el CCC y la Iberoamericana, y basado en un cuento de Juan Tovar.
En este trabajo, tres estudiantes de secundaria, Neli, Cecilia y
Aurora están descontentas con la manera en que el maestro de historia, Guillermo Espalda, las trata. Sin darse cuenta de las posibles
consecuencias deciden vengarse y, usando brujería, le clavan alfileres a un muñeco. Su juego acaba teniendo consecuencias drásticas.
Cuando clavan los alfileres en las piernas del muñeco, el maestro
se queda inválido; cuando se los clavan en "el lugar del corazón",
el maestro muere. *El lugar del corazón* se exhibió en el Festival Internacional de Nuevo Cine Latinoamericano en La Habana (1986); el
Ciclo "Con un toque femenino", en la sala Andrea Palma del D.F.
(1992); y ganó una Mención Honorífica en el II Festival de Televisión Universitaria de América Latina, Lima (1983).

Gracias al impulso dado al cine al final del sexenio de Miguel
de la Madrid (1982-1988), Cortés pudo entrar en la industria. La
directora jugó un papel fundamental en implantar la *ópera prima:*
un sistema que permite el acceso de los egresados de las escuelas
de cine en la industria cinematográfica. Al hacer la primera *ópera
prima*, Cortés y otros miembros de su generación idearon un sistema que usaba dinero del Estado para pagar a técnicos del sindicato. La sección 49 del Sindicato de Trabajadores de la Producción
Cinematográfica (STIC) trabajó junto con estudiantes del CCC,
escuela que pertenece a IMCINE, en el primer largometraje industrial que se hizo dentro del marco de la escuela. Inicialmente, Cortés recibió un préstamo del Fondo de Fomento a la Calidad Cinematográfica (FFCC), lo que permitió que el CCC produjese la
película. El CCC participó con el trabajo de sus estudiantes y facilitó descuentos para el material. Al CCC se asociaron el Centro de
Investigación y Enseñanza Cinematográfica (CIEC), de la Universidad de Guadalajara, y el Gobierno de Tlaxcala, estado donde se
filmó la película. Cortés filmó *El secreto de Romelia* con un reducidí-
simo presupuesto de 150.000 dólares, que recuperó inmediatamente. Cortés consideró que el éxito de la primera *ópera prima*
que hacía el CCC se debía al esfuerzo colectivo.

El secreto de Romelia (1989), basada en la novela corta de Rosario Castellanos *El viudo Román,* compara la manera de amar de tres generaciones. Romelia se casó con Don Carlos en 1938, pero Don Carlos la devolvió a casa de sus padres, acusándola de no ser virgen. Tras esta deshonra, Romelia se marchó de este pueblo de provincias y no volvió hasta la muerte de Don Carlos. Muerto el doctor, Romelia regresa a su casa natal acompañada de su hija Dolores y sus tres nietas, Aurelia, Romelia y María. Allí, Doña Romelia le explica a Dolores que había guardado las sábanas de su noche de bodas durante todos estos años como prueba de su virginidad. Dolores no entiende la reacción de su madre porque considera que no le debe ninguna explicación. Las tres nietas, que roban y leen el diario de Don Carlos, dan su opinión sobre la relación que tenían sus abuelos. *El secreto de Romelia* fue un gran éxito. Ganó tres Arieles (premio de la Academia Mexicana de Ciencias y Artes Cinematográficas) a la Mejor *Ópera Prima* (Busi Cortés), a la Mejor Música (José Amozurrutia) y a la Mejor Actriz (Dolores Beristáin) (1989); tres Diosas de Plata (galardón otorgado por la agrupación de Periodistas Cinematográficos Mexicanos, PECIME), a la Mejor *Ópera Prima* (Cortés), a la Mejor Fotografía (Francisco Bojórquez) y al Mejor Guión (Cortés) (1989); un Heraldo, del periódico *El Heraldo de México,* a la Mejor Actuación Masculina (Pedro Armendáriz) (1989); el premio de la Asociación de Cronistas de Espectáculos de Nueva York del Festival Latino de Nueva York (ACE), a la Mejor Película Latinoamericana y a la Mejor Actuación Femenina (Dolores Beristáin) (1990); y un Pittirri, (premio del Festival de Cine de San Juan de Puerto Rico) a la Mejor *Ópera Prima* (1990). *El secreto de Romelia* se exhibió en más de 24 festivales internacionales.

Tan sólo cuatro años después, Cortés terminó su segundo largometraje, *Serpientes y escaleras* (1992), en el cual, nuevamente, empleó una estrategia de financiación innovadora. En nombre de los estudiantes de la Iberoamericana, Cortés recaudó fondos de compañías comerciales a cambio de publicidad; como copatrocinadores en la producción entraron Coca-Cola, Juegos Birján (que

hacen el juego de "Serpientes y Escaleras"), Indetel, Alcatel y San-
born's. *Serpientes y escaleras* fue una producción estatal en la que
también participó la directora. Los tres productores más importantes fueron IMCINE, que puso el cincuenta por ciento, el FFCC,
que puso un treinta por ciento, y Producciones Romelia, la productora de Cortés, que puso un quince por ciento.

El nombre "Serpientes y escaleras" viene de un juego de salón
de las clases acomodadas de los años cincuenta, y la película está
inspirada en la novela de Ángeles Mastretta *Arráncame la vida*. En
su novela, Mastretta cuenta la vida de un político corrupto desde el
punto de vista de su mujer; Cortés también narra la vida de un político sin escrúpulos, Gregorio. Cortés, sin embargo, no emplea el
punto de vista de la esposa, Adelaida, sino el de la hija del político,
Valentina, y el de la amiga de ésta, Rebeca. En *Serpientes y escaleras*
la amistad es un lazo fuerte; cuando Rebeca queda embarazada de
Gregorio, Valentina a pesar de todo la perdona. La película se exhibió en la VII Muestra de Cine Mexicano de Guadalajara, (1992).

FILMOGRAFÍA

1979: *Las Buenromero.*
>   pr: Centro de Capacitación Cinematográfica; d: Busi Cortés;
>   g: Busi Cortés; f: Fernando Pardo; ed: Fernando Pardo; m:
>   José Amozurrutia; p: Eduardo López Rojas (candidato polí-
>   tico Florentino López Lira), Alma Levy (Refugio), Rubén
>   Cristiani (sacristán), Cecilia Pérez Grovas (Josefina), Teresa
>   Álvarez Malo (Matilde), Gonzalo Celorio (pintor); du: 29
>   min. b/n.

1980: *Un frágil retorno.*
>   pr: Centro de Capacitación Cinematográfica; d: Busi Cortés;
>   g: Busi Cortés; es: adaptación de "Historia de una hora" de
>   Kate Chopin; f: Fernando Pardo; ed: Fernando Pardo; p:
>   Julieta Egurrola (hermana mayor, Elia), Ángeles Castro (her-
>   mana menor, Silvia), Luis Rábago (Luis); du: 20 min. b/n.

1981: *Hotel Villa Goerne.*
   pr: Centro de Capacitación Cinematográfica; d: Busi Cortés; g: Busi Cortés; f: Antonio Díaz de la Serna; ed: Sonia Fritz; m: José Amozurrutia; p: Luis Rábago (Eligio), Rosa María Bianchi (Mina Márquez), Judith Arciniegas (Argénida), Mari Carmen Cárdenas (Fernanda); du: 50 min. Color.

1983-1984: Serie de televisión *De la vida de las mujeres.*
   Guión para "La cirquera", "Toña". Dirección: "Las rumberitas", "Alfonsina", "Amor de radio", "La mujer de Nicolás", "Fuera máscaras" y "La niña robada".

1984: *El lugar del corazón.*
   pr: Centro de Capacitación Cinematográfica y Universidad Iberoamericana; d: Busi Cortés; g: Consuelo Garrido, basado en el cuento homónimo de Juan Tovar; ed: Fernando Pardo; m: José Amozurrutia; f: Marcelo Iaccarino y Roberto Menéndez; p: Mari Carmen Cárdenas (Nelly Chávez), Valentina Leduc (Cecilia Téllez), Berenice Manjarrez (Aurora Albornoz), Muni Lubezki (Guillermo Esponda); du: 30 min. Color.

1988: *El secreto de Romelia.*
   pr: Fondo de Fomento a la Calidad Cinematográfica, Centro de Capacitación Cinematográfica, Consejo de Radio y Televisión de Tlaxcala, Universidad de Guadalajara y Conacite II; d: Busi Cortés; g: Busi Cortés, basado en la novela corta de Rosario Castellanos, *El viudo Román;* es: Gustavo Montiel; f: Francisco Bojórquez; ed: Federico Landeros; m: José Amozurrutia; p: Diana Bracho (Dolores), Pedro Armendáriz, hijo (Don Carlos), Dolores Beristáin (Doña Romelia), Arcelia Ramírez (Romelia joven), Nuria Montiel (Romi), Alina Amozurrutia (Aurelia), María del Carmen Cárdenas (María), Lumi Cavazos (Blanca) y Alejandro Parodi (Don Rafael); du: 100 min. Color.

1991: *Serpientes y escaleras.*
   pr: Fondo de Fomento a la Calidad Cinematográfica, IMCINE, Producciones Romelia S.A. de C.V.; d: Busi Cortés; g:

Busi Cortés, Carmen Cortés, Alicia Molina; f: Francisco Bojórquez; ed: Federico Landeros; m: José Amozorrutia; p: Héctor Bonilla (Gregorio), Diana Bracho (Adelaida), Arcelia Ramírez (Valentina), Lumi Cavazos (Rebeca), Bruno Bichir (Raúl); du: 90 min. Color.

"NOS TOCA SUPERAR ALGO QUE NOS DEJÓ LA ABUELA"

Busi, ¿cuáles son los elementos significativos de tu cine y cómo se relacionan con tu vida personal?

En mis etapas formativas, los elementos decisivos han sido: ciertas atmósferas, mi feminismo práctico, el juego en equipo, mi espíritu documentalista, la paradoja de clases y el gusto por la actuación, el cine y la literatura.

Lo primero que descubrí cuando estaba en la escuela de cine fueron las atmósferas. ¿De dónde vienen estas atmósferas? Nací el 28 de junio de 1950 de padres y abuelos guanajuatenses y muchas vacaciones las pasé en Guanajuato, en la casa de mis bisabuelos; de ahí traía yo las atmósferas en la sangre. También fue importante el que viviera durante diecisiete años dentro de la refinería de Azcapotzalco —mi papá es ingeniero— porque en la refinería fue donde aprendí el juego en equipo. Como era una colonia a las afueras de Azcapotzalco, teníamos que aprender a jugar juntos, de todas las edades, hombres y mujeres. Después, viene una etapa a la que yo le llamo "feminismo práctico". Yo soy la quinta de siete hermanos, con tres varones mayores que son así como muy inteligentes, muy importantes. Crecí con esta educación de que las mujeres éramos las que teníamos que tender las camas, lavar los trastes y atender a los hombres y ahí, forzosamente, uno se tenía que volver feminista. Sólo muchos años después supe que eso era ser feminista de una manera práctica, claro, no teórica.

Aunque solamente estudié dos años en el Colegio Francés de San Cosme que estaba en la Casona de Santa María, en esos dos años su atmósfera me marcó mucho. El colegio estaba en una caso-

na porfiriana de principios de siglo. ¡Preciosa! Luego, el Colegio
Francés se cambió al Pedregal, y yo tenía que ir desde Azcapotzalco al Pedregal. Ahí viene otra etapa importante en mi formación
de cineasta, que es mi espíritu documentalista, que surgió de estrenar el periférico. A la ida, mis hermanos, que iban a la universidad
en coche, me dejaban en la escuela. De regreso, tenía que tomar
tres camiones para llegar hasta mi casa. El cruzar la ciudad cada
día me hizo vivir lo que he llamado "la paradoja de las clases
sociales" e influyó en mí en un espíritu documentalista.

La mejor experiencia de la "prepa" fue el haber estado en el
grupo de teatro de la escuela preparatoria Centro Universitario
México (CUM). El director de ese grupo de teatro era Germán
Dehesa, que es un escritor mexicano muy simpático y muy agudo.
La experiencia del CUM me hizo decidirme a estudiar la carrera de
comunicación en la Universidad Iberoamericana. Entré a la carrera
porque estaba buscando perpetuar, por un lado, el juego en la refinería y, por el otro, el grupo de teatro. Llevé las especialidades de
cine y periodismo, y los maestros que más me marcaron fueron
Luis de Tavira, que es director de teatro, y Javier Peñaloza, que era
poeta y editorialista del periódico *Excelsior* y de la revista *Proceso*.

Cuando estudié comunicación me di cuenta de que no me interesaba la televisión o la publicidad, sino el cine y la literatura. Por
eso me metí a un taller de literatura con Huberto Bátiz, en donde
estaban poetas como Luis Cortés Bargalló y otros escritores como
Guillermo Sheridan. En el taller empecé a ver algo que se haría
más patente después: mi búsqueda del lenguaje no radicaba en la
palabra, sino en la imagen, pero sólo me di cuenta de ello con el
tiempo. Una vez egresada de la carrera de comunicación, cuando
trabajaba en el Consejo Nacional de Ciencia y Tecnología
(CONACyT) haciendo notas de periodismo educativo, pensé en
hacer una maestría en literatura latinoamericana en la UNAM,
pero me dieron una beca para hacer un curso de dos meses en
Quito y ya nunca estudié literatura. En Ecuador hice un vídeo
sobre bocio endémico con varios latinoamericanos. Yo estaba
horrorizada de que me hubiera tocado estar, primero, en el equipo

de televisión —porque me chocaba la televisión— y segundo, tener que hacer algo sobre bocio endémico. Era la época de Allende, el furor de los setenta, y yo me dije: "Bueno, si voy a América Latina es para hacer algo importante, no una cosa de bocio." Sin embargo, el documental se convirtió en una experiencia social muy interesante y cambió todo mi esquema mental. Al no ser un documental de tipo científico, pude descubrir una parte marginal del país, porque el bocio es una enfermedad endémica que surge en zonas pobres de Ecuador donde se toma agua de hielo que tiene muy bajo contenido en yodo. Hacer ese documental fue realmente una gran experiencia social.

La vida me llevó por caminos inusitados. Me metí a hacer cine porque quería dedicarme a ser guionista, pero acabé haciendo dirección. Lo que más me gustaba del cine era escribir, el ambiente cinematográfico me horrorizaba. Nada más tener que cruzar los estudios Churubusco y ver la cantidad de extras que estaban ahí esperando para pedir trabajo me parecía tremendo. Me preguntaba: "¿Cómo estoy estudiando cine si el medio me deprime y las películas mexicanas aún más?" Aunque el ambiente cinematográfico, en general, no me gustaba, seguí haciendo cine porque estar dentro del CCC era otra cosa. Con el tiempo, llegué a la conclusión de que lo que pasaba era que yo iba para guionista; lo descubrí en la escuela de una manera muy chistosa. En el CCC, los primeros que podían dirigir eran los que terminaban primero el guión. Como Olga Cáceres, Gustavo Montiel y yo estudiamos comunicación, teníamos más facilidad para escribir el guión y acabamos dirigiendo nuestros ejercicios primero. Así fue como me fue gustando también la dirección.

Una de las cosas que más claramente recuerdo de mi época de estudiante es que siempre vi el cine como algo que yo no iba a poder hacer; incluso ya estando en el CCC y habiendo hecho algunos cortos. Me acuerdo que una vez me tocó estar en un evento que se llamaba "Cocina de imágenes", en donde también estaban varias colegas: María Novaro, Mari Carmen del Hada y otras directoras. Me sorprendió mucho María Novaro cuando dijo que a ella le encantaría hacer películas en 35 mm, en los cines y con los sindicatos. Yo me quedé de a cuatro, dije: "Mira ésta, ¡qué valiente!" En ese entonces, hacíamos películas en 16 mm para los cine-clubes y yo decía: "¿Cómo vamos a poder hacer películas grandes, películas como los gringos o los europeos? Imposible." El maestro español Víctor Erice con sus películas *El espíritu de la colmena* y *El sur* me ayudó a ver que yo también podía hacer películas como quería María Novaro: en 35 mm, grandotas, con los sindicatos. También Eduardo Maldonado —como documentalista—, Ludvic Margules —en todo lo que se refiere a dirección de actores—, Juan Tovar y Alfredo Joskowicz fueron maestros definitivos para mí. El haber sido maestra también me marcó mucho. Seguí aprendiendo al hacer de maestra durante diez años en el CCC, en el Centro Universitario de Teatro de la UNAM y en la Universidad Iberoamericana. De hecho, aprendí más como maestra que como alumna. Además, como trabajaba al mismo tiempo en las tres escuelas, podía comparar a los alumnos de la escuela de teatro con los de la escuela de cine o los de la escuela de comunicación.

Háblame de tus primeros ejercicios en la escuela.

No entiendo por qué fui tan misógina hacia los hombres en mis ejercicios en el CCC. No sé si viste un plano secuencia que se llama "Un frágil retorno" (1980), que está filmado dentro del CCC. Fue el que más éxito académico tuvo. Este corto narra la historia de una chava que llega a avisarle a su hermana mayor de que su marido se acaba de morir en un accidente de avión. Pero, como la hermana mayor padece del corazón, la hermana menor tiene que intentar decirle la noticia lo más delicadamente posible para que ella no se vaya a morir de la impresión. Se supone que están en la oficina de él, porque la hermana mayor tiene organizada una reunión de bienvenida. En la oficina hay un monólogo en el que la mayor le empieza a contar todas sus broncas con el marido y su rechazo hacia él. Sin embargo, con todo y que lo rechaza y que le chocan sus cosas, ella quiere tener un hijo con él. Toda esta confesión hace que la hermana más chica no se atreva a anunciarle la muerte de su marido. Finalmente, se lo dice, pero la hermana mayor supera el *shock*. Pero, a la mera hora, llega el marido, porque él no venía en ese avión sino en otro. Ahí sí se muere la hermana mayor, ya que ella había asimilado que había desaparecido. La conclusión es que es más fuerte el *shock* de que aparezca, que el de que desaparezca.

El lugar del corazón (1984), que era una historia de Kate Chopin y no mía, también es una historia misógina. Cuando la hice ya no era alumna, sino maestra, pero en este corto también matan al maestro. O sea que todos son como pequeños cuentos misóginos.

Bueno, yo no los llamaría misóginos. Digamos que los hombres desaparecen, pero quizás los hombres tienen que desaparecer para que las mujeres ganen centralidad.

Sí, y de alguna manera en *El secreto de Romelia* se volvió a retomar: Romelia mata al viudo Román antes de que se muera, lo entierra desde mucho antes.

¿Y Las Buenromero?

Este corto en blanco y negro de 16 mm se hizo en 1979 y fue muy azaroso. En la escuela hacíamos ejercicios que tenían muchos errores de fotografía y sonido, por lo que eran trabajos que no se podían mostrar al público. Sin embargo, en el caso de *Las Buenromero* se hizo una copia compuesta —es decir, con sonido e imagen sincrónica— porque iban a cerrar la escuela. Como la escuela no tenía dinero, yo misma pagué el corte del negativo porque a mí me interesaba tener algo que mostrar. Además, como era un trabajo que tenía cierto nivel, pensé que podía servirle a alguien.

¿Es también Las Buenromero *un cuento misógino hacia los hombres?*

Sí, en este corto también desaparecen los hombres. Te resumo el argumento: son tres hermanas que viven en una casona del siglo pasado donde se supone que no pasa el tiempo. Sin embargo, a pesar de una atmósfera atemporal, queda claro —por los coches, porque ellas van al cine a ver la segunda parte de *El padrino*— que es en la época actual.

El argumento era una especie de homenaje al cuento de Cortázar *Circe*, que trata de la mujer que mataba a sus galanes con chocolate. En *Las Buenromero* tres mujeres seducen y matan a sus amantes como un acto de amor. Las muertes son en honor al padre que, aunque muerto, es una presencia viva que habita en la sala y a la que hay que ofrecer sacrificios. Él es el verdadero amante. Cada una de las hermanas se tiene que encargar de matar a un hombre. La mayor, Refugio (Alma Leví), es una flaca espigada que seduce al candidato del Partido Auténtico de la Revolución Mexicana. Matilde (Teresa Álvarez Malo), la segunda, es melancólica y nada más borda y llora. Llora porque es la única que no es señorita; es viuda, aunque nunca tuvo una relación de amor porque se casó por poderes. Matilde seduce al sacristán cojo al que persigue por toda la casa. Josefina (Cecilia Pérez Grovas), la más joven, aunque al principio se revela, a fin de cuentas asume el pacto y mata al pintor. Para mí, lo importante era que los sacrificados fueran un político, una persona afiliada a la iglesia y un pintor.

¿Son cómplices las hermanas de lo que pasa en la casa?

Sí, las hermanas son cómplices; se van y dejan sola a la que le toca el turno. No se habla de lo que pasa porque ya se sabe; es un sobreentendido muy sobreentendido. Nada más se dicen: "Ahora te toca a ti."

Es esta complicidad la misma que tienen Adelaida y Gregorio en Serpientes y escaleras?

No, es una complicidad distinta. La complicidad de Adelaida con Gregorio es absolutamente convencional. Es una complicidad que se dio en la sociedad mexicana, que se sigue dando hasta la fecha y que inclusive también existe en otras sociedades. En cambio, la complicidad que se da entre las hermanas Buenromero es absolutamente transgresora. Me estoy tratando de acordar de *Hotel Villa Goerne.* Fíjate, ahí también hay esa complicidad entre las dos concuñas, aunque es mucho más fina que en *Las Buenromero.* La Mina Márquez (Rosa María Bianchi) está enamorada del escritor Eligio (Luis Rábago), pero Argénida (Judith Arciniega), la otra concuña, tiene un *affaire* con él. Sin embargo, como Argénida sabe que La Mina Márquez lo quiere, le dice: "Pues, te lo dejo a ti, yo sé que tú lo quieres porque lo veo en las cartas." La sobrina, Fernanda (Mari Carmen Cárdenas), intuye esta complicidad entre sus tías, la adivina. Por eso, al final, convierte en barquitos de papel la novela del escritor y los tira al agua. Así, materializa la venganza de las adultas.

Una de las cosas que me sorprendió mas de Hotel Villa Goerne *es que fuera un hombre quien escribiese. ¿Es el hombre quien cuenta la historia?*

No, no es un hombre quien narra la historia; la historia está contada por las mujeres. Este es un punto que para mí está muy claro: el escritor lo único que hace es recopilar la historia. Es decir, él no hace de escritor sino de escribano: pone en papel la historia que ellas le dictan. Ellas, en cambio, están creando la historia todo el tiempo; por eso, es una película absolutamente contada por ellas. La película empieza con Argénida leyendo las cartas, diciendo un poco lo que va a pasar, la historia. Justo, también al principio, Argénida recibe a Eligio y lo pasea por el hotel dándole información. Fernanda también le hace otro recorrido por el hotel y le va contando la historia de este hotel con muchas anécdotas. Después, se suceden una serie de episodios en los que ellas le van dictando la historia que él debe escribir. Por ejemplo, cuando Eligio está enfermo y oye los pasos en la azotea de la tía Eduviges, una miembro de la familia que es un fantasma, le pregunta a Argénida por qué se oyen esos ruidos. Argénida le da una explicación muy poco clara por lo que Eligio no llega a saber mucho de este misterio. Tampoco llega a tener acceso a otro misterio: cuando él oye que la Mina Márquez canta, va a buscarla y ella, como Argénida, le echa un rollo, pero no le explica lo que pasa. En conclusión, ellas son las que cuentan la historia. Él simplemente la escribe. Porque no tiene ninguna capacidad, no se le ocurre nada, se la pasa tirando hojas.

¿Cómo llegaste a hacer El secreto de Romelia, *película con la que ganaste en 1989 el premio de la Asociación de Cronistas de Espectáculos (ACE) del Festival Latino de Nueva York?*

Este proyecto tiene una larga historia: primero trabajé partes en *De la vida de las mujeres.* Luego planeé una miniserie que estaba basada en la novela de *Balún Canán,* que no se hizo. Después, buscando todavía apoyo para *Balún Canán* le llevé el proyecto a Beatriz Paredes, pero ella me dijo: "*Balún Canán* es algo muy local de Chiapas, mejor otra historia de Rosario Castellanos." Como yo conocía muy bien la obra de Rosario Castellanos, pensé en la novela corta *El viudo Román* (1964), de donde acabó saliendo *El secreto*.

¿Qué es lo que te llamó la atención de la novela de Rosario Castellanos? ¿Qué es lo que te llevó a decir: "quiero trabajarla"?

Déjame contarte la historia desde el principio. Un grupo de realizadoras, Marisa Sistach, Olga Cáceres, Consuelo Garrido, Dora Guerra y yo, formamos un grupo en la Unidad de Televisión Educativa y Cultural (UTEC) e hicimos una serie de televisión que se llamó *De la vida de las mujeres* (1984). Fue una serie muy rica de la que se hicieron treinta programas de media hora. Abarcamos todos los géneros posibles: comedia, farsa, tragedia, melodrama, etc. Los temas estaban relacionados con estados de la mujer a lo largo de la vida: relación sexual, control de la natalidad, aborto, viudez, jubilación, etc.[6]

Hacer esta serie fue un gran reto, porque en 1984 y 1985, en México, se hacía poco en locaciones. Únicamente se producían telenovelas, noticieros y programas cómicos ¡en estudios de televisión! En el sexenio de López-Portillo (1976-1982), ya se había hecho una serie semejante que se llamaba *Historias de maestros* e *Historias de niños y niñas*, con Arte y Difusión, una productora privada que hacía series culturales y de ficción relacionadas con temas educativos. Al concebir *De la vida de las mujeres*, nosotras nos propusimos hacer una serie de entretenimiento dirigida al público femenino que no tuviera que ser didáctica o tratar temas relacionados directamente con la educación. Recién acabados los estudios de cine, queríamos realizar cortos como los que aprendimos a hacer en las escuelas. Ya después, un poco nos copiaron la idea y se hizo una serie que se llamaba *Mujer, casos de la vida real*.

---

[6] Para esta serie Busi Cortés escribe varios guiones (*La cirquerita, Toña*) y dirige seis programas (*Las rumberitas, Alfonsina, Amor de radio, La mujer de Nicolás, Fuera máscaras* y *La niña robada*). Luz Cecilia Aguilar Álvarez, *La mujer como cineasta en México*, tesis, Universidad Intercontinental, México, 1994. p. 70.

¿Qué pasó después de De la vida de las mujeres?

Cuando, por los cambios políticos en la UTEC, terminó ese proyecto, nos propusimos adaptar para la televisión *Balún Canán* de Rosario Castellanos. Había tres guionistas: Alicia Molina adaptó la primera parte, Pepe Buil la segunda y Carmen Cortés[7] la tercera. A mí me gusta mucho la literatura de Castellanos porque se propone desentrañar el sentido femenino de la mujer. El título que le puso a una de sus obras, *El eterno femenino*, realmente es la constante de su literatura. Yo quería hacer con *Balún Canán* una miniserie de televisión para el canal 13 porque, aunque existía una adaptación, era muy mala.

¿A qué llamas "miniserie"?

Una miniserie es una pequeña novela en pocos capítulos. Se parece a la serie, tipo *El Fugitivo* o *Dallas*, en que se repiten los mismos personajes. Sin embargo, la miniserie se diferencia de la serie en que los capítulos de la miniserie sí tienen continuidad pero los de la serie no. En Imevisión —que era la televisora estatal— nos compraron los guiones, pero cuando presentamos el presupuesto para producirla, no quisieron. Estaban acostumbrados a presupuestos de televisiones de estudio, y todavía no se usaban las coproducciones. Nuestra miniserie era de época y en locaciones, mientras que todas las series que se habían hecho en televisión eran en estudio en la Ciudad de México. Además, era más fácil encontrar actores para una serie de veintiséis capítulos o de cincuenta y dos, que para una miniserie de siete capítulos. Cuando tú contratas a un actor para una serie de cincuenta y dos capítulos "paqueteas" el trabajo porque, aunque le paguen poquito por cada capítulo, va a ganar muy buen dinero. En cambio, si el actor sale nada más que en siete capítulos, va a querer cobrar más por actuar.

¿Cómo iba a ser la miniserie de Balún Canán?

Iba a ser absolutamente costumbrista, en Chiapas, como todas las series españolas o inglesas de época. Duraba siete horas, que

---

[7] Hermana de la directora.

habíamos pensado hacer en siete capítulos de cincuenta y tantos minutos cada capítulo. De hecho, en ninguna televisora se han hecho miniseries, ni en Televisa; se han hecho series semanales, pero no miniseries.

¿Cómo pasaste de la idea de la miniserie a El secreto de Romelia?

Antes que el guión mismo fuera escrito, surgió la posibilidad de la producción de la película. En 1986, se formó el Fondo de Fomento a la Calidad Cinematográfica [FFCC][8] como una medida de emergencia en el momento de la peor crisis de la producción del cine nacional —en lo que se refiere al cine de Estado y al cine de calidad—. El FFCC buscaba proyectos nuevos que, con esquemas muy económicos de producción, fomentaran la calidad del cine. Había una preocupación muy grande por que no se hicieran películas experimentales y por que las películas se pasaran en las salas comerciales de cine y no sólo en los cineclubes.

Yo había pensado este proyecto en 16 mm, pero cuando lo presenté al FFCC me dijeron: "Sí, lo vas a hacer, pero en 35 mm y con las reglas del juego del 35 mm." También me exigieron el uso de actores experimentados. Aunque yo prefería trabajar con puros actores universitarios, me pidieron que emplease actores con cierto renombre, como Pedro Armendáriz o Diana Bracho. Estuve de acuerdo, porque yo ya había trabajado antes con Pedro y Diana y para mí la amistad cuenta mucho, ¿no?

Al FFCC le importaba que los directores hubiesen hecho "cine de calidad" con anterioridad, y su única condición era que los realizadores tuviesen apoyos institucionales para hacer la película. Yo tenía, por supuesto, el apoyo del CCC y conseguí el apoyo del gobierno de Tlaxcala, que fue donde filmamos la película. Tuve la oportunidad de acercarme a Beatriz Paredes Rangel, gobernadora de Tlaxcala, quien se había propuesto apoyar a las mujeres en todos los campos. Ella había hecho mucho por las mujeres campe-

---

[8] Existe una relación entre el FFCC e IMCINE; el director de IMCINE es el presidente del FFCC.

sinas, por las mujeres obreras y también le interesaba fomentar el trabajo de las mujeres artistas. Me acuerdo, por ejemplo, de que en una placita de toros de Tlaxcala hicieron un espectáculo muy interesante con la bailarina Pilar Medina.

Hablé con Beatriz Paredes y le dije que quería dirigir una adaptación de *Balún Canán* cuyo guión habían trabajado Carmen y Alicia —yo respetaba los derechos de Marisa Sistach con respecto a la parte que escribió Pepe Buil—. Paredes me contestó que no me podía ayudar con ese proyecto porque *Balún Canán* se tenía que filmar en Chiapas y no en Tlaxcala. Pero me dijo que, si tenía alguna otra propuesta de Rosario Castellanos, ella estaría encantada de ayudarme. Se me ocurrió sugerirle una adaptación de *El viudo Román*, una novela corta de Castellanos que habíamos leído al preparar la miniserie para el canal 13.

¿Por qué elegiste esa novela de Castellanos?

Cuando leí *El viudo Román* me llamó mucho la atención su estructura, porque no es lineal. La historia está contada a base de saltos, y sólo caes en la cuenta de cuál es el secreto al final. El viudo Román guarda el secreto de su venganza toda la vida. La adaptación de la novela fue un acto de improvisación; cuando lo presenté en noviembre de 1987 no era nada más que un proyecto. En la sinopsis sólo quedaba desarrollado el pasado; había un gran *flash-back* que empezaba y se cerraba en el presente. En diciembre empecé a trabajar el guión en el taller del CCC. El coordinador del taller, Marco Julio Linares, me dijo que hacer un cine costumbrista le parecía extemporáneo. A mí tampoco me convencía simplemente ilustrar la novela y por eso, desde el principio, tuve la idea de que de esa única noche de amor de Romelia y Román nacía una hija, y de ésta, otras tres hijas. Por algún tiempo, pensé en partir de la muerte de Romelia, para que su hija y sus nietas descubrieran cuál era su secreto. Sin embargo, a medida que fui trabajando en el guión preferí que fueran las tres generaciones las que se enfrentasen al secreto. Al final, en la parte del pasado de Doña Romelia fui muy respetuosa con Rosario Castellanos, pero en la del presente no.

Adaptar la novela no me costó trabajo porque yo traía la inercia de la UTEC, donde habíamos sido absolutamente libres en el manejo de nuestras historias, aunque tuviéramos un coordinador con quien revisábamos los guiones. Al escribir el guión de *El secreto de Romelia* seguí jugando libremente como jugábamos en la serie. Además, la experiencia de la UTEC también me sirvió para crear los personajes de *El secreto de Romelia*. Por ejemplo, Doña Romelia se parece muchísimo al personaje de *La mujer de Nicolás:* tiene la misma edad, las mismas fantasías y todo, aunque la historia no tiene nada que ver. Doña Romelia es además una síntesis de otros personajes, incluyendo una costurera de Aguascalientes de otro programa que se llamaba *Amor de radio*. También manejo las tres niñas curiosas, metiches, de *El secreto de Romelia* —Aurelia, Romelia y María—, de la misma manera que las del programa *Las rumberitas*.

Ya con el guión bastante esbozado, me fui a la playa, donde trabajé una semana más el guión. Por desgracia, de regreso a México nos dieron un cristalazo y nos robaron todo lo que traíamos, incluyendo el cuaderno en el que tenía escrito el guión. Y de la noche a la mañana me quedé sin lo que había trabajado en diciembre y tuve que volver a escribirlo.

Es fácil de comprender que, cuando en junio de 1988 presenté el guión ya terminado al FFCC y me lo aprobaron, no tenía ni pies ni cabeza. No se entendía, porque toda la asociación de ideas era absolutamente libre. Los del FFCC me dijeron que, por lo menos, tenía que haber una cronología en los recuerdos, para que hubiera una lógica. Fue por esta combinación de incidentes que, aunque ya había hecho el casting, las pruebas de vestuario y tenía fotografías de los actores, todavía no tenía un final en el guión. El final estaba sólo apuntado; lo fuimos desarrollando con las lecturas de guión y se acabó tan sólo una semana antes de filmar la película. En agosto empecé a filmar.

Aparte de los contratiempos, el guión en sí era complicado porque tenía: *flash-backs* de los recuerdos, *flash-backs* dentro de los *flash-backs* y sueños. Para terminar de complicarlo, soñaba más de

una persona; no eran sólo los sueños de Romelia, sino también los
de la niña. Por ejemplo, en el presente está el sueño de la niña
Aurelia, quien sueña que llevan muerta a la que se supone que es
Elena, que va en un caballo con el viudo Román. Las ensoñaciones
y los recuerdos siempre ha sido algo de lo que no me he podido
desligar. Incluso lo he trabajado en los programas de televisión
que tenían otra estructura y un lenguaje más lineal. Claro, que en
la televisión, de pronto, resultaba como algo absolutamente dispa-
ratado y torpe, incluso en el lenguaje.

Dices en una entrevista con Luis Trelles que Rosario Castellanos es
muy dura con Romelia[9]. ¿Podrías explicar más tu opinión?

En *El viudo Román*, Rosario Castellanos es muy dura con Romelia, pero perdona al viudo. En la escena de la iglesia, en la que
Romelia piensa que le ganó a todas el mejor partido del pueblo,
Castellanos no la perdona. El hecho de que la novela esté contada
a través de los ojos del viudo también apunta en esta dirección,
porque hace que el lector se identifique con Don Carlos. Aunque,
también hay que decir en favor de Castellanos que la historia también se ve a través de los ojos del sacerdote. Él sí se escandaliza del
poder de la venganza del viudo Román. Al contrario que Castellanos, yo quería reconciliarme con Romelia, por eso propongo ver el
secreto desde el punto de vista de ella.

Has mencionado que te gusta Castellanos porque se interesa por el
tema de la mujer, ¿me podrías decir más en concreto cómo tratas de desa-
rrollar este tema en tu primer largometraje?

En *El secreto de Romelia*, trato de crear conciencia sobre qué es
ser mujer y quién eres como mujer, y creo que la película sí logra
transmitir esa conciencia. Recuerdo la primera exhibición que se
hizo con los miembros del Consejo del FFCC —puros hombres—
como una de las experiencias más fuertes de mi vida. Se hizo silen-

---

[9] Trelles Plazaola, Luis, *Cine y mujer en America Latina: Directoras de largometrajes de*
ficción, Editorial Universitaria de Puerto Rico, Río Piedras, 1991. En esta entrevista con
Trelles, Cortés dice: "Creo que es una cuestión personal mía porque Rosario Castellanos es durísima con estas mujeres e implacable con Romelia, no la perdona" (p. 3).

cio en la sala y Marco Julio Linares, que estaba en esa producción porque era el director de Estudios Churubusco, se abrazó a mí llorando. Siento que se logró conmover y que en muchas mujeres se hizo conciencia. Así, las mujeres de la actualidad entienden un poco más a sus abuelas o a sus mamás.

Para crear una conciencia de lo que es ser mujer es preciso pensar no sólo en lo que somos ahora, sino en lo que somos por lo que hemos heredado de la generación anterior. Toda la generación de Dolores, la hija de Romelia, hemos superado como mujeres muchas cosas que no superaron las de la generación anterior. Sin embargo, no hay que olvidar que tenemos que entender a nuestras madres y abuelas para entendernos a nosotras mismas. No por liberarnos de una pareja por la que nos sentimos oprimidas, como Dolores, podemos decir que hemos crecido como mujeres para ser nosotras mismas. Tenemos que encontrar nuestra propia identidad como mujeres y, para ello, a cada una de nosotras nos toca superar algo que nos dejó la abuela.

El secreto de Romelia *está hecha desde la memoria, desde cómo Romelia recuerda lo que pasó. ¿Por qué no usaste esta perspectiva en* Serpientes y escaleras?

Tal vez mi inercia me hubiera llevado a emplear esa estructura, pero la creación del guión en *Serpientes y escaleras* fue muy diferente. Por un lado, por primera vez trabajé con otras dos guionistas: era una historia de las tres, no sólo mía. Por otro lado, se trataba de escribir una historia original. En el caso de *El lugar del corazón* o *El secreto de Romelia* fue más fácil, porque era una adaptación, libre o no libre, pero adaptación. En cambio, en *Serpientes y escaleras* éramos autoras del guión, no adaptadoras. De entrada, la parte más gozosa y más placentera del proyecto fue el trabajar con las otras dos guionistas y el habernos entendido tan bien. Sin embargo, al mismo tiempo, eso hacía que la idea no fuera sólo mía, por lo que yo tenía que ser muy respetuosa de las ideas de las coguionistas.

Cuando llevamos este guión al FFCC, que fue a la primera estancia de apoyo a la que recurrimos, nos lo rechazaron y no nos dieron razones. Entonces me pregunté mucho si no sería un buen recurso emplear un *flash-back* e, incluso, hice una versión en donde intercalaba la infancia, pero las coguionistas no estuvieron de acuerdo.

¿Y no te acuerdas por qué no estaban las coguionistas de acuerdo en introducir un gran flash-back?

Yo creo que no era por la historia en sí, sino por defender lo que ya estaba escrito. De hecho, uno de los amigos que leyó el guión me sugirió que, ya que se me daban tan bien los cambios de tiempo, que emplease esta estructura. Sin embargo, bastó que yo dijera que había una sugerencia de hacerlo así para que ellas se defendieran. También es cierto que yo prefería emplear una estructura lineal para que la película fuera accesible para un público más amplio y tuviera una mayor distribución que *El secreto de Romelia*. Una de las cosas que me criticaron de mi primera película fue que el público normal no la entendía. Ahora ya hay un público acostumbrado a ver cine mexicano o cine europeo que sabe hacer otro tipo de lectura, pero en el 1988 la clase media o la clase popular veía películas norteamericanas de estructura muy simple. Por eso también, originalmente, queríamos que fuera una historia lineal.

Fue muy difícil defender el guión de *Serpientes y escaleras*. La primera vez que nos rechazaron el guión, yo ya iba a renunciar al proyecto, pero Carmen y Alicia querían seguir luchando. Yo fui muy respetuosa y lo dejé en sus manos. Al final, aunque no hicimos un *flash-back*, acabamos cambiando la historia que teníamos. En el guión original había un candidato del PRI que mandaba matar a un periodista para quedarse como gobernador del estado: Gregorio quedaba como gobernador y mandaba matar a Raúl Solórzano por lo que había escrito en el periódico. Te aseguro que estábamos contando la historia de mil candidatos del PRI, porque casos así se han dado mil veces en México. Sin embargo, cuando leyó el guión Alfredo Acevedo nos dijo que le parecía poco positivo que el gobernador —aunque nunca se decía que fuera del PRI— no recibiera su castigo. Acevedo, que era representante de la Cámara Nacional y uno de los participantes del Fondo de Fomento a la Calidad Cinematográfica, no nos sugirió este cambio pensando en una posible censura política por parte del gobierno, sino pensando en los productores privados, quienes podían considerar que no tenía caso invertir en una película que se iba a quedar "enlatada". Según él, los productores podían pensar que, a la larga, se iba a encontrar una manera de hacer que la película no se exhibiese.

Al cambiar el guión, la película perdió fuerza dramática. Por más que estábamos convencidas de que lo que nos importaba era la historia de amistad entre las dos amigas y no la historia política, el final no quedaba tan justificado como en el guión inicial. Era difícil explicar por qué Valentina perdonaba a Rebeca el haberse quedado embarazada de su padre. Si Gregorio (el padre de Valentina) había matado a Raúl (el novio de Rebeca) era absolutamente justificable que Valentina la perdonara. Sin el asesinato de Raúl era más difícil justificar el perdón. ¡Cuesta perdonar a tu mejor amiga cuando está embarazada de tu padre!

¿Hubo más cambios en el guión?

Ya filmando, tuvimos un accidente en una combi en el que murió la asistente de dirección. Fue muy duro porque tuvimos que filmar cuando yo ya sabía que Jenny Kuri había muerto y, casi sin exagerar, te diré que yo quería botar la película. Pero, claro, no se podía. Desafortunadamente, el accidente también afectó al guión de la película. Hasta el accidente, el plan de trabajo iba muy bien, pero tras la muerte de Jenny preferí terminar antes y quitamos muchas secuencias. Por azares del destino, el día del accidente se filmó la secuencia en la que Rebeca le dice a Valentina que el hijo es de Gregorio. A partir del accidente, lo que hice fue trabajar más la edición de la película, para así poder llegar a esta secuencia. Evidentemente, el terminar antes hizo que la película sufriera mucho; por ejemplo, falta un enfrentamiento de Adelaida, la madre de Valentina, con Rebeca. También habíamos pensado repetir la secuencia del clímax de Adelaida en el que se enfrenta con Gregorio. El encuentro de la pareja no me agrada porque fue resuelto con prisas. Se filmó a campo y contra campo, en plano medio y sin carga dramática. Lo siento porque Adelaida era un personaje muy interesante, pero no pude explotar todo lo que daba debido a las circunstancias.

¿Crees que en Serpientes y escaleras *es más libre Rebeca que Valentina?*

Ambos personajes son distintos. Los nombres ya dan una idea sobre los rasgos psicológicos del personaje: Rebeca es rebelde y Valentina es valiente. Aunque parezca que Valentina se va a arriesgar menos, a la mera hora, la que toma una decisión más valiente es ella. En parte, esa diferencia se debe a que ambas viven en familias con estructuras distintas. No se ve mucho en la película, pero Valentina tiene mucha protección familiar. Se supone que tiene tres hermanos varones, lo que la hace la única mujer y la consentida de su padre. Gregorio tiene un papel de padre que es muy común. Hasta la fecha, en mucha ciudades de la república y provincias, la mujer solamente puede salir de su casa vestida de blanco; como que el padre endosa el cheque, dice: "Ahí te va mi hija, yo ya hasta aquí he cumplido. Te la entrego a ti, que eres su marido, y ahora tú te haces cargo de ella."

Rebeca carece de esta protección familiar. La ausencia del padre es lo que la diferencia de Valentina, con la que, de otra manera, comparte muchos rasgos. A pesar de haber pasado la infancia juntas, cuando después de un periodo de separación las amigas se reencuentran en la adolescencia, es evidente que Rebeca se ha visto afectada por la muerte de su padre Romualdo. Tras la desaparición de Romualdo, Rebeca descubre que él tenía otra familia y que su mamá había tenido que ingeniárselas para salir adelante y defender lo que era de ella. Como consecuencia, en la adolescencia Rebeca se convierte en una pionera de la liberación de la mujer.

¿Qué hiciste después de Serpientes y escaleras?

En 1995 retomé el proyecto que siempre había querido hacer: la adaptación de *Balún Canán*. La situación descrita por Castellanos está vista por una familia desde 1994. Evidentemente, el tema está un poco relacionado con todo el movimiento zapatista de 1994. Al proyecto lo llamamos *Subiendo el río está el paraíso*[10] y participamos

---

[10] Con anterioridad esta película se llamaba *Mariposas negras*.

en él el mismo equipo de guionistas: Alicia Molina, mi hermana Carmen y yo.

Era un proyecto que ya estaba prácticamente aprobado en 1996. En octubre iban a venir los canadienses para ver qué se necesitaba para firmar el convenio. Jorge Alberto Lozoya, el antiguo director de IMCINE, se había comunicado telefónicamente con ellos y les había mandado una carta de compromiso. Sin embargo, un mes antes, en septiembre, cambiaron el director de IMCINE y el proyecto se vino abajo. Cuando el 2 de octubre le presenté el proyecto al nuevo director de IMCINE, Diego López, me dijo que me tenía que esperar a volver a presentar el proyecto conforme a las nuevas reglas del juego que se iban a instaurar. Lo único que hizo IMCINE fue que el subdirector de producción mandase un párrafo a los canadienses diciéndoles que se posponía el proyecto hasta nuevo aviso. Claro, los canadienses se sacaron mucho de onda. ¡Imagínate si vienen en octubre!

Las nuevas reglas del juego salieron en enero de 1997. Con esa nueva modalidad, yo tenía que conseguirme un productor que presentase el proyecto y eso estaba muy difícil. A Marisa Sistach le pasó lo mismo con *El año del eclipse*, que es una película de época sobre el eclipse de principios de siglo. Marisa ya tenía apoyo de Francia y del Fondo Nacional para la Cultura y las Artes (FONCA) de aquí de México. El proyecto ya estaba aceptado desde Lozoya, pero lo tuvo que volver a presentar bajo la modalidad de Diego López. Cuando volvió a presentarlo, le dijeron que retrabajara el guión. En casos como éste dices: "Pues no, no se puede. ¿No?"

También, lo que me ha pasado a mí con *Subiendo el río está el paraíso* es que estoy muy contenta con lo que estoy haciendo ahorita. Hace tres meses terminé la primera etapa de la serie que estoy haciendo, y eso me dio la oportunidad de elegir entre volver a intentar meter a IMCINE el proyecto de *Subiendo* o seguir con la serie. Preferí seguir con la serie porque, realmente, siento que estoy haciendo algo muy útil y muy importante para mucha gente, algo que realmente se necesita.

¿Qué estás haciendo ahora?

Es una serie para personas con discapacidades que se llama *Retos y respuestas*, en el canal 22. En México traemos un rezago tremendo; apenas hace dos años se empezó a impulsar la integración a la sociedad de personas con discapacidades. Así como yo siento que fue importante que yo hubiera hecho *El secreto de Romelia* con el CCC en 1988 y *Serpientes y escaleras* como una película más del llamado "nuevo cine mexicano", yo siento que ahorita es más importante esta serie. Desde que hice *El secreto de Romelia* yo tenía muy claro que lo que yo buscaba con mi trabajo era conmover. Con *Retos y respuestas* siento que no solamente estoy conmoviendo sino también moviendo y estoy, de verdad, muy contenta.

Ya que hemos hablado de tus trabajos individualmente, me gustaría que hablásemos de temas que aparecen en varias de tus películas, por ejemplo del melodrama. ¿Crees que es un género que hay que modificar, descartar o usar tal cual?

Lo más difícil es asumir que vas a hacer un melodrama, porque el género está absolutamente devaluado a causa de las telenovelas. Mi hermana, por ejemplo, jamás va aceptar que *Serpientes y escaleras* sea un melodrama, y yo creo que Alicia tampoco. En cambio, yo sí que lo aceptaría, porque yo buscaba hacer una película para acercarme a un público. Por un lado mi objetivo como cineasta, además de provocar una conciencia, es emocionar, conmover. Por otro, considero que el trabajar el melodrama es importante porque, dentro de cada país, hay una relación entre el lenguaje cinematográfico y el lenguaje dramático, y los mexicanos somos melodramáticos. En realidad si tú te pones a ver películas como *Principio y fin* o *El callejón de los milagros* son profundamente melodramáticas —bueno, en el caso de *El callejón de los milagros* también hay elementos tragicómicos—. Incluso en las comedias de Cantinflas, Tin-Tán o La India María siempre hay un momento melodramático y muchas veces la comedia está sostenida en el melodrama. A fin de cuentas, el melodrama es lo que prevalece en las películas más taquilleras tipo *Como agua para chocolate*. También *Los olvidados* es un melodrama excelente, y está el trabajo de Rips-

tein. A Jorge Fons el estar ejercitando el género le lleva a perfeccio-
narlo, desde su corto *Caridad*, pasando por *Los albañiles*, hasta llegar a *Rojo amanecer*. Fons utiliza un lenguaje más moderno; no en
cuanto al manejo de cámaras, sino en cuanto al trabajo de los sentimientos y las emociones.

¿Hay algún otro aspecto que te guste del melodrama?

También me llama mucho la atención el que no sólo las mujeres,
sino también los niños, se queden hasta la una de la noche a ver las
telenovelas. Están "picados", quieren saber qué es lo que va a
pasar. Yo, como escritora, eso es lo que quiero conseguir: poder
sostener una narración que te deja esa cosquilla, que te quedes
pensando qué va a pasar, aunque no te importe. Cuando voy a ver
a mis papás y están viendo una telenovela, me quedo "picada";
aunque sea pésima, aunque la escenografía sea horrible, aunque a
los actores no les creas nada, aunque todo el tiempo estés oyendo
al apuntador. Ésa es la razón por la que se venden las telenovelas.
Fue esa misma sensación de querer saber lo que pasa, aunque no te
interese, la que me dejó la primera lectura de *El viudo Román*. Por
eso, cuando fui a ver a la gobernadora Beatriz Paredes, aunque
habían pasado tres años, me acordaba perfectamente de *El viudo
Román*. Y me pasó lo mismo cuando estaba haciendo la adaptación
de *El secreto de Romelia*: no lo podía dejar; iba en el periférico manejando y de repente... era como una obsesión. No me pasó con *Serpientes y escaleras*, pero me volvió a pasar con *Subiendo el río está el
paraíso*. Es como una obsesión, el tratar de llegar a estar "picado".

*¿Qué piensas del melodrama de la Época de Oro del cine mexicano y
de las telenovelas? ¿Se parecen o son distintos?*

El melodrama de las telenovelas es una reducción todavía más
simplista que el de la Época de Oro del cine Mexicano. Las telenovelas ahora manejan el mismo melodrama que hace cincuenta
años. Antes eso valía, pero ahora no. Además, en el caso del melodrama de la Época de Oro se contaba con la sensibilidad de
muchos profesionales. Había un trabajo sensible del fotógrafo, de
los guionistas, de los directores, de los actores. Por lo menos, aunque los actores no tuvieran mucho método, estaban al servicio de

un director. Sin embargo, ahora no hay ningún interés artístico por parte de los camarógrafos ni del director, a quienes sólo les gusta hacer las cosas rápidas. Inclusive hay muchas telenovelas donde no hay un director de escena; sólo hay alguien que repasa los diálogos y tampoco existe un trabajo en la edición.

Sí, pero tú no empleas el melodrama así. ¿Cómo lo trabajas en tus películas?

Nosotras tratamos de hacer personajes más complejos; hay que renovar y profundizar el lenguaje del melodrama porque en México es un género que se ha abaratado. Eso también es, un poco, lo que hace Rosario Castellanos en *Balún Canán*, donde es profundamente melodramática. Yo pretendo hacer lo mismo que Castellanos en *Subiendo el río está el paraíso;* no busco simplísticamente rechazar a Zoraida, la madre, sino entenderla. Los estudios psicológicos que se han hecho sobre Rosario Castellanos me han ayudado mucho a entenderla.

¿Cómo describirías el melodrama de El secreto de Romelia *y* Serpientes y escaleras?

Desde que era estudiante, desde mis trabajos en la UTEC, yo siempre he tenido como meta la sutileza de los sentimientos. En *El secreto de Romelia*, sacrifiqué un poco de sutileza en la expresión de los sentimientos a cambio de poder llegar a más gente. Sin embargo, aunque simplifiqué las emociones, creo que no caigo en obviedades melodramáticas estilo telenovelas o películas norteamericanas. El manejo del *flash-back* y de los cambios de niveles narrativos hacen que la disminución en la sutileza no empobrezca la película.

En cambio, el problema de *Serpientes y escaleras* fue que, a causa de un mal manejo del personaje de Gregorio, la película se hizo demasiado obvia. Yo había escrito un personaje mucho más sutil, pero el actor que hacía el papel, Héctor Bonilla, se hizo una idea del personaje diferente a la que yo tenía, y no lo pude controlar. De hecho, la principal crítica que me han hecho es que parece una telenovela, y eso me duele. Yo no buscaba a un macho cabrón, sino a un personaje que realmente quisiera a su mujer. Así son los políticos: quieren a sus familias, pero eso no impide que sean unos cabrones o que pasen por encima de quien tengan que pasar con tal de hacer lo que quieren. Se buscaba que Gregorio Cisneros fuera un personaje más complejo, no nada más el malo de la película. Gregorio era un personaje que nosotros conocíamos perfectamente bien, porque está inspirado en un tío nuestro que fue candidato a gobernador. En el caso real en el que basamos la historia, el papá de la muchachita mató a nuestro tío. Era realmente un caso interesante porque aunque era muy fino y adoraba a su mujer y a sus hijos, sin embargo era un mujeriego.

En México hay muchísimos casos como el de Gregorio. Incluso, socialmente, está perdonado el adulterio; ahora, siempre y cuando seas fiel a tu mujer. En *Serpientes y escaleras* hay un diálogo en el que le dice Rebeca a Valentina: "¿Por qué te preocupas?, ¿por qué eres tan celosa? No importa que tú papá tenga capillitas si tú mamá es la catedral." Éste es un dicho muy típico de México. La idea era retratar a un personaje complejo, que al mismo tiempo, pudiera ser un seductor y querer a su familia. Nuestro reto con Gregorio Cisneros y Adelaida no era volver a retratar a la abnegada mujer mexicana, sino tratar de darle más conciencia; por eso, buscamos una solución diferente. En cualquier otra película de los cincuenta, Adelaida le hubiera abierto la puerta a su marido; en cambio, nosotras le hicimos que ayudara a su hija Valentina.

Siguiendo con un análisis más general y con el tema de las madres, ¿podrías decirme cómo presentas la relación madre-hija en tus películas?

Respecto a las madres, tengo cinco tipos diferentes: Ernestina (la madre de las Orantes), Romelia (la madre de Dolores), Dolores (la madre de las tres niñas), Adelaida (la madre de Valentina) e Imelda (la madre de Rebeca). Algunas son retratos de la realidad; en el caso de Doña Romelia, estoy recordando a mi mamá, y en el de Dolores, a mi hermana con sus hijas. Por el contrario, en el caso de la madre de Romelia, respeté a Rosario Castellanos: Doña Ernestina se parece a la mamá de *Balún Canán*, que está enamorada de su hijo. En el momento en que éste se muere, se muere ella. De todas las mamás que hay en las dos películas, la que más me atrae como personaje es Adelaida, la madre de Valentina.

¿Y la madre de Rebeca?

Imelda, la mamá de Rebeca, es un personaje que me encanta y que conozco muy bien porque mi familia, por los dos lados, viene de la sociedad de provincias de Guanajuato. El haber vivido en provincias me hace conocer muy bien a este tipo de viuda elegante, refinada, que tiene que prostituirse finamente —no es una prostituta de la calle— para poder salir adelante y no bajar su posición. A menudo, una mujer muy joven se casa con un hombre mayor y es cómplice de ese marido que tiene una segunda familia. Aunque rechazado y poco comprendido, es un personaje muy complejo porque mezcla valentía con hipocresía.

¿Y qué piensas de las relaciones de las hijas con respecto a las madres?

Estas relaciones tampoco son todas iguales. Yo tengo dos hermanas, una mayor y otra menor, y las tres hemos tenido relaciones diferentes con mi madre. El hecho de ser la mayor te hace ser responsable de tus hermanos menores; sobre todo cuando es una familia muy grande. Mi hermana más chica era la consentida, mi mamá la sobreprotegía. En mi caso, como era la quinta y después vinieron dos varones, yo fui muy independiente y casi no tuve relación con mi mamá. Nuestra relación empezó cuando me casé y tuve hijos. Entonces, mientras yo trabajaba, le dejaba a los niños porque era una excelente abuela que les contaba cuentos y les enseñaba a pintar. Y a mis hijos también les encantaba; lo pasaban fantástico con la abuela.

Mencionabas antes que tu relación es mejor con las actrices que con los actores, ¿me podrías explicar algo más sobre este tema?

Siento que tengo más comunicación con las actrices que con los actores; entre otras cosas, porque escribo los guiones pensando en ellas. Yo no termino el guión y *luego* busco a la actriz; yo comienzo a escribir mis guiones con una actriz específica *in mente*. Al escribir *El secreto de Romelia*, en la primera en quien pensé fue en Dolores Berinstein, la que hace de Romelia mayor. Yo había visto su actuación en una puesta en escena de Ludwig Margules —mi maestro de dirección de actores— de *El tío Vania*, de Chejov. El trabajo de todos los actores en esa obra me encantó, pero especialmente el de ella porque, aunque no era un personaje principal, la riqueza de su personaje realmente te conmovía. Yo escribí el guión pensando en Berinstein para hacer el papel de la Romelia mayor, y por eso la primera actriz a la que fui a ver fue a ella. La experiencia más dura de *El secreto de Romelia* fue que ella no quiso participar en la película. Después ella me explicó la razón de este "no" inicial. Después de mi visita, ella había hablado con su hijo, que también es actor, y le había contado que la habían venido a buscar para hacer una película del CCC. La impresión de Dolores fue que era una película de aficionados, aunque ni siquiera había leído el guión. El hijo le dijo: "No, mira mamá, tú ya estás grande. No tiene caso; son unos llamados muy pesados, no respetan los horarios de los sindicatos, luego no terminan las películas. No te desgastes en eso." Aparte, había otra razón: Berinstein hacía teatro, no cine. El rechazo de Dolores fue muy duro. Tuve que llamar a otra actriz e incluso se le hicieron pruebas de vestuario y todo, pero a la mera hora dije: "Ella no es el personaje." Entonces, volví a buscar a Dolores Berinstein y le dije: "Bueno, no más le voy a pedir que lea el guión y que me dé su opinión del guión. Si no le gusta el guión, estoy de acuerdo." Claro, leyó el guión y se enamoró del personaje. Me dijo: "No, pues sí lo voy a hacer." Todavía cuando empezamos a hacer la película, ella todo el tiempo se estaba haciendo la idea de que era una película de "escuelita". Pensaba que nos íbamos a colgar hasta altas horas de la noche; por eso, se sorprendió de que estuviéramos trabajando tan profesionalmente. A la otra actriz que escogí fue a Diana Bracho, con la que yo volvería a trabajar porque me gusta mucho cómo va moldeando a sus personajes.

A las actrices más jóvenes yo las conocí porque daba clases de lenguaje cinematográfico en el Centro de Teatro Universitario. Toda la adaptación de Rosario Castellanos fue pensada para estas tres actrices: Lumi Cavazos, Arcelia Ramírez y Lisa Owen. Aunque la película requería que se parecieran, porque eran hermanas, y no se parecían en nada, a mí me valía sorbete. Mi problema fue que no sabía, cuál de las dos, Lumi o Arcelia, debería hacer de la Romelia joven. Me decidí por Arcelia porque tenía más comunicación con ella, aunque Lumi se parece más a Dolores Berinstein. Intuía que, en cuanto a temperamento, Arcelia me iba a dar un personaje de Romelia muy interesante. No me equivoqué, porque ella modificó el personaje de Romelia que estaba en el guión. La Romelia joven de mi guión era más provinciana, más preocupada por la ropa; la de la película, siempre saltando y con el mismo vestido, era más silvestre.

El cambio del personaje de la joven Romelia se debió a un incidente curioso. La coproductora, Corporación Nacional Cinematográfica de Trabajadores y Estado (CONACITE), iba a aportar el vestuario, pero a la mera hora no lo dieron. Cuando llevábamos ya tres días de filmación tuvimos que cambiar todo el concepto del vestuario en la película porque supimos que no teníamos vestuario de época. Se dio la coincidencia de que, cuando supimos lo del vestuario, estábamos filmando la primera secuencia y Arcelia estuvo muy mal, pésimo. No le quedaba nada, ni el peinado ni el vestido; tanto, que tuvimos que quitar esa secuencia. Para poder entendernos, una noche Arcelia y yo estuvimos hablando muchísimo del personaje. Platicamos sobre cómo ella lo sentía, cómo ella lo vivía y lo comparamos con el personaje que yo había imaginado. Esa misma noche surgió el nuevo personaje. Dijimos: "Romelia no más va a tener un vestido, para que se vea que es otro personaje diferente a sus otras dos hermanas", e introdujimos un cambio con respecto a la novela de Castellanos, donde se parecen mucho las tres hermanas. En Castellanos era casi, casi, como que de "tín marín" con cuál se hubiera casado el viudo.

¿Se diferencian tus intereses temáticos de los que tendría un hombre?

Sí, definitivamente. Como guionista o como realizadora comercial, lo he visto en todos los guiones en los que de alguna manera me he visto involucrada. Por ejemplo, después de *El secreto de Romelia*, yo lo que más quería hacer era una historia de amor. Siempre voy a querer hacer una historia de amor. La novelista Silvia Molina tiene una historia muy bonita que se llama *La mañana está gris* que cuenta la relación en Londres de una chica con un poeta. Cuando ella ya se había decidido a tener una relación con él, el poeta se muere en un accidente. Como en la mayoría de las historias de amor, el amor es imposible. Yo le entregué el guión a un amigo mío que era director de una escuela de cine y, aunque yo realmente estaba enamorada de la historia, a él no le atrajo. Yo, con mi terquedad, dije: "No me importa, de todas manera me voy a presentar al consejo de IMCINE." Aunque estuviera mal escrito el guión, siento que había algo en la historia que conmovía; sin embargo, a los hombres —y los del consejo eran puros hombres— no les conmovió en absoluto.

¿Quieres decir con esto que a las mujeres les atraen las historias de amor?

Definitivamente, sí. Eso sí, desde niñas. A los niños les gustan las películas de acción, de guerra, y a las niñas les gustan las de amor. La parte femenina está más del lado del alma, del lado de los sentimientos. Un poco por eso de los hombres de tener que conseguir lo material para sobrevivir. Esta diferencia es muy importante y hay que tenerla en cuenta cuando nos preguntamos quiénes somos. Porque una cosa es liberarse de un hombre y otra liberarse como mujer.

María Novaro.

5. María Novaro

María Luisa Novaro Peñaloza empezó estudiando sociología, pero luego se dedicó al cine. Por ello, en toda su obra estará presente un espíritu sociológico documentalista. Novaro es una directora prolífica cuyo trabajo más conocido es *Danzón*, una película que fue seleccionada para ir al Festival Internacional de Cannes y que fue internacionalmente distribuida para televisión y cine.

Novaro nació en 1951, en la ciudad de México. En 1971, dada la efervescencia política del 68, Novaro eligió estudiar sociología en la Facultad de Ciencias Políticas de la Universidad Nacional Autónoma de México (UNAM), por ser ésta una carrera políticamente comprometida. Sin embargo, descontenta porque la sociología no le permitía cambiar la situación en los barrios pobres periféricos del D.F., abandonó estos estudios en 1977.

Su transición al cine vino a través del Colectivo Cine-Mujer, integrado por estudiantes de la escuela de cine de la UNAM. Un grupo de feministas del Colectivo le pidió ayuda porque sabía que ella había trabajado en los barrios pobres. Novaro participó en los documentales *Es primera vez* (1981) de Beatriz Mira, sobre un encuentro de mujeres campesinas y colonas, y *Vida de Ángel* (1981), de Ángeles Necoechea, sobre el trabajo doméstico. Al participar en los cortos, Novaro aprendió a utilizar la cámara Nagra y trabajó muy de cerca con Sonia Fritz, guionista y editora de éstos. Con esta experiencia, Novaro descubrió que el documental le ofrecía la posibilidad de hacer el trabajo que había deseado hacer como estudiante de sociología. Así, decidió estudiar cine en el Centro Universitario de Estudios Cinematográficos de la ciudad de México (CUEC), que es parte de la UNAM.

Entre 1980 y 1985, Novaro estudió en el CUEC e hizo tres cortos en Súper 8 —*Lavaderos, Sobre las olas* y *De encaje y azúcar*— y cuatro cortos en 16 mm —*Conmigo lo pasarás muy bien, Querida Carmen, 7 a.m.* y *Una isla rodeada de agua*. En sus primeros ejercicios escolares, Novaro eligió trabajar como fotógrafa o camarógrafa, cuidando de los planos y los encuadres, porque le interesaba investigar cómo la posición de la cámara afecta al punto de vista. Posteriormente, se centró en la edición porque le interesaba reflexionar sobre los detalles del material filmado. Ambas preocupaciones continuarán a lo largo de su carrera profesional.

En sus cortometrajes y largometrajes, Novaro crea personajes que buscan algo o a alguien. En *Una isla rodeada de agua* (1984), la tesis de graduación de Novaro en el CUEC hecha en color, Edith va a Atoyac en busca de su madre, pero, en lugar de a su madre, la protagonista encuentra su propia adolescencia. *Una isla rodeada de agua* recibió el Ariel (premio de la Academia Mexicana de Ciencias y Artes Cinematográficas) al Mejor Cortometraje de Ficción (1986); y el Premio Especial del Jurado en el Festival de Cortometrajes de Clermont-Ferrand (1986).

Azul celeste (1987), la primera producción de Novaro en 35 mm, fue filmada con trabajadores del sindicato como parte del proyecto *Historias de una ciudad*, financiado por la UNAM. En *Azul celeste*, Laureana, provinciana de Chihuahua, llega al D.F. embarazada de siete meses. Con evidente ingenuidad, pretende encontrar a Edmundo Garza, el padre de su hijo, con la única pista de que vive en una casa de color azul celeste. Para sorpresa del espectador, Laureana encuentra a Edmundo. Sin embargo, éste no está interesado en continuar con la relación. *Azul celeste* recibió el premio Quinto Centenario a la mejor producción Iberoamericana y el Danzante de Oro, ambos en el Festival de Filmes Cortos de Huesca (1990).

María Novaro escribió el guión para su primer largometraje de ficción, *Lola* (1989), con su hermana Beatriz. En 1988, perfeccionó su guión, primero en la escuela de cine de San Antonio de los Baños en Cuba y luego en el Sundance Institute en Estados Unidos. En *Lola*, la protagonista (Lola) está deprimida. No le importa tener que cuidar sola a su hija de seis años, Ana, y ganarse la vida como vendedora ambulante de ropa. Su depresión viene de que su compañero, Omar, se va un año de gira artística. Lola siente que Omar ha abandonado sus responsabilidades familiares y emocionales. La protagonista sale de su depresión de una manera insólita: viaja a la playa y allí ve un incidente gracioso. Un anciano se mete en el mar y las olas le bajan el bañador. Su nieta y su hija intentan subírselo, pues el abuelo parece no darse cuenta de lo ocurrido. Oyendo sus risas, Lola se da cuenta que todavía quedan cosas por las que vivir.

Lola, que costó unos 300.000 dólares, fue una coprodución internacional. Novaro recibió el apoyo inicial de Televisión Española a través del programa Quinto Centenario, a cambio de lo cual ofreció parte de la distribución. A raíz del apoyo de Televisión Española, entró como coproductor el Instituto Mexicano de Cinematografía (IMCINE), a través de Conacite Dos. Los otros coproductores fueron Macondo Cine Video, una compañía privada perteneciente al productor Jorge Sánchez, y la cooperativa José Revueltas. Novaro y su equipo de trabajo se hicieron miembros de esta cooperativa, una asociación laboral paralela al sindicato, para poder hacer el rodaje. *Lola* recibió muchos premios: el Coral del Festival de La Habana a la Mejor *Ópera Prima* (1989); un Heraldo, del periódico *El Heraldo de México*, a la Mejor *Ópera Prima* (1990); dos Diosas de Plata, otorgadas por la agrupación de Periodistas Cinematográficos Mexicanos (PECIME) a la Mejor *Ópera Prima* y a la Mejor Coactuación Femenina (Martha Navarro) (1990); cuatro Arieles: a la Mejor *Ópera Prima* (María Novaro), al Mejor Guión Cinematográfico (María y Beatriz Novaro), a la Mejor Actriz de Reparto (Martha Navarro) y a la mejor Coactuación Masculina (Roberto Sosa) en 1990; el Premio *Ópera Prima* del Festival Latino de Nueva York (1990); el Premio de Aliento, del Festival Internacional de Cine de Berlín (OCIC) (1991); y el premio a la Mejor *Ópera Prima* de la Asociación de Cronistas de Espectáculos (ACE), en el Festival Latino de Nueva York (1991).

En su segundo largometraje, *Danzón*, Julia, una telefonista del
D.F., se marcha a Veracruz, aparentemente, en busca de su desaparecido compañero de baile, Carmelo. Sin embargo, a medida que
la película avanza, el espectador se va dando cuenta de que Julia
tiene otras razones. En lugar de llorar por la pérdida de un compañero de baile, Julia aprovecha su estancia en Veracruz para descubrir el mundo de la sensualidad, hacer nuevos amigos y tener un
affaire con un atractivo marinero. En *Danzón*, Novaro experimenta
más abiertamente con una técnica que ya utilizó en *Lola*: la cámara
no sigue siempre a los personajes, sino que se desvía para buscar
detalles que muestren su identidad, como los zapatos de tacón de
Julia.

Danzón (1991), una coproducción internacional también,
emplea un esquema de producción similar al de *Lola*: Televisión
Española, IMCINE, y Macondo Cine Video. A estos socios se
añade el Fondo de Fomento a la Calidad Cinematográfica (FFCC),
que facilitó un crédito; Tabasco Films; y el Gobierno del Estado de
Veracruz, donde se rodó la película. Entre otros galardones, *Danzón* ganó el premio Diva a la mejor directora en el Festival de
Nuevo Cine Latinoamericano en la Habana (1991); un Hugo de
Plata a la mejor actriz (María Rojo) en el Festival Internacional de
Cine de Chicago (1991); y una Mano de Bronce a la mejor película
en el Festival Latino Film de Nueva York. El gran éxito de *Danzón*
fue ser selectionada para la Quincena de Realizadores del Festival
de Cannes (1991), donde tuvieron que añadir tres sesiones más a
las cuatro programadas. *Danzón* tuvo un éxito arrollador; las agencias internacionales de noticias la calificaron de "extraordinaria" y
batió un récord de ventas. Se vendió a Alemania, Argentina, Bélgica, Canadá, Cuba, Estados Unidos, Francia, Grecia, Holanda, Italia
y Japón para verse en salas de cine, algo inusitado ya que la mayoría de las películas mexicanas se venden sólo para el mercado de
vídeo o de televisión. Tuvo todo tipo de público, desde el mexicano obrero hasta el intelectual del Festival de Cannes.

El tercer largometraje de Novaro, *El Jardín del Edén* (1994), tiene
lugar en Tijuana, la frontera entre Estados Unidos y México. *El Jar-*

dín del Edén tiene dos narraciones simultáneas: una historia de amor entre Jane y el mitificado Felipe Reyes, y la vida de tres mujeres, Serena, Elizabeth y Juana. Serena, joven viuda procedente del D.F. y madre de tres hijos, tiene un estudio de fotografía. Elizabeth, artista chicana de California y madre de una niña, monta una exposición de su obra plástica. Juana, tijuanense dueña de una tienda de quincalla, vende y cuida a los hijos de Elizabeth y Serena. La trama de estas tres mujeres que no salen de viaje contrasta con la aventura de Jane, que cruza la frontera con Felipe y el hijo de Serena, Julián, escondidos en la parte de atrás de su coche.

Para *El Jardín del Edén*, IMCINE y Versau Internacional Income, una productora canadiense de Quebec, firmaron un convenio de coproducción internacional. Versau ofreció participar con personal canadiense: el sonidista, dos actores y el fotógrafo. A medida que la producción avanzó, sin embargo, decidieron aplicar parte de su inversión a la posproducción del sonido. A cambió, Versau se quedó con la distribución en Canadá y Alemania. Además participó el FFCC, Macondo y el Centro de Investigación y Enseñanza Cinematográfica (CIEC) de la Universidad de Guadalajara. La película fue exhibida en la Muestra de Cine de Venecia (1994); en el festival "La Mujer y el Cine", Mar de Plata (1994); en el Festival Internacional de Biarritz (1994) y en el Festival Internacional de Rotterdam (1995). *El Jardín del Edén* fue galardonado con el premio Glauber Rocha de la Prensa Extranjera en el Festival Internacional de Nuevo Cine Latinoamericano de La Habana (1994); y con el premio al Mejor Guión Cinematográfico del Festival de Cine de Cartagena (1995). María Novaro había ganado una beca de la institución MacArthur/Rockefeller para investigar la situación de la frontera y escribir el guión (1992).

FILMOGRAFÍA

1981: *Lavaderos, Sobre las olas, De encaje y azúcar.*
1982: *Conmigo lo pasarás muy bien* y *Querida Carmen.*

1983: *Siete A.M.*

1984: *Una isla rodeada de agua.*

pr: CUEC; d: María Novaro; g: María Novaro; f: María Cristina Camus; ed: María Novaro; s: Silvia Otero, Luis Schroeder; p: Mara Chaves, Silvia Otero, Conchis Arroyo, Carolina, Yolanda Ocampo, Chencha y Alejandro Marín; du: 28 min. Color.

1987: *Azul celeste.*

pr: Dirección de Actividades Cinematográficas UNAM; d: María Novaro; g: María Novaro; f: Santiago Navarrete; ed: Luis Manuel Rodríguez Bermúdez; s: Claudia Argüello; p: Gabriela Roel (Laureana), Cheli Godínez (amiga Chelo), Carlos Chávez (repartidor de la camioneta), Gerardo Martínez (marido, Edmundo Garza); du: 28 min. Color.

1989: *Lola.*

pr: Macondo Cine Video S.A. de C.V., Televisión Española, Conacite Dos, Cooperativa José Revueltas; d: María Novaro; g: Beatriz Novaro, María Novaro; f: Rodrigo García; ed: Sigfrido Barjau; m: Gabriel Romo; p: Leticia Huijara (Lola), Alejandra Vargas (Ana), Martha Navarro (abuela Chelo), Roberto Sosa (Duende), Mauricio Rivera (Omar), Javier Zaragoza (Mario), Cheli Godinez (Dora); du: 92 min. Color.

1991: *Danzón*

pr: Macondo Cine Video S.A. de C.V., Instituto Mexicano de Cinematografía, Televisión Española, Fondo de Fomento a la Calidad Cinematográfica, CO. Tabasco Films S.A., Gobierno del Estado de Veracruz; d: María Novaro; g: Beatriz Novaro, María Novaro; f: Rodrigo García; ed: Nelson Rodríguez, María Novaro; m: Danzonera Dimas de los Hermanos Pérez, Pepe Luis y su Orquesta Universitaria, Danzonera Alma de Sotavento, Manzanilla y el Son 4, Marimba la Voz de Chiapas; p: María Rojo (Julia), Carmen Salinas (Doña Ti), Blanca Guerra (La Colorada), Tito Vasconcelos (Susy), Víctor Carpinteiro (Rubén); du: 96 min. Color.

1994: *El Jardín del Edén*

pr: Macondo Cine Video S.A. de C.V., Instituto Mexicano de Cinematografía, Verseau International Inc., Universidad de Guadalajara, Fondo de Fomento a la Calidad Cinematográfica; d: María Novaro; g: Beatriz Novaro, María Novaro; f: Eric A. Edwards; ed: Sigfrido Barjau; m: Autores Varios; p: Renée Coleman (Jane), Bruno Bichir (Felipe), Gabriela Roel (Serena), Rosario Sagrav (Elisabeth), Alan Ciangherotti (Julián), Ana Ofelia Murguía (Juana), Joseph Culp (Frank); du: 104 min. Color.

"DUEÑA DE SÍ MISMA"

Al principio de tu carrera, ¿qué es lo que más te atrajo del cine?

Yo me acuerdo de que, en los primeros tres años, la escuela de cine (CUEC) nos daba el material en blanco y negro para trabajar. A mí, sí, me gustaba pero no era lo mío. Por eso, cuando en el cuarto año me dieron el material en color, estaba yo como loca, ¡por fin iba a trabajar color! El corto que escribí, *Una isla rodeada de agua*, es sobre Edith, una niña en la costa de Guerrero que por tener los ojos azules veía todo de colores cambiados.

La película la actuó mi hija mayor, que tiene los ojos azules y que entonces tenía doce años. Toda la historia transcurre en un pueblito de gentes mulatas e indígenas de ojos oscuros; ella era la única de ojos azules. Había muchas tomas en las cuales las cosas que Edith veía a través de su mirada estaban cambiadas. Para ello, puse unas micas que coloreamos enfrente del lente de la cámara. No te imaginas cómo disfruté planeando los cambios de color: hay una escena en la que el mar es violeta, el cielo es rosado y la arena es dorada.

Además de un juego de cómo la realidad se veía diferente en términos de colores, *Una isla rodeada de agua* es también la historia de una niña que busca a su mamá. La película me abrió muchas puertas, porque tenía mucha gracia. Mal hechita, de repente la narrativa no funciona bien, pero la película es muy hermosa; sobre todo muy sorpresiva con el color. Evidenciaba mi fascinación con el color, porque yo estaba estudiando cine para jugar con el color.

Después de la escuela, ya como directora, ¿qué buscas en el cine?

Aparte de contar mi propia percepción del mundo que me rodea como mujer y de mi enamoramiento de la cultura mexicana —un país que me parece tan rico, visual y narrativamente, para contarlo una y mil veces—, quizás la otra cosa que más me apasiona es el cine como forma artística. Es una pena que cada vez los tiempos se cierren más para explorar el desarrollo de este lenguaje. La presión es cada vez más hacia la comercialización de los proyectos y su funcionamiento en el formato de vídeo, que es un formato pequeño que requiere las cosas mucho más cercanas a rostros, mucho más verbalizadas, mucho más simplonas. El cine de sala de cine está resultando en todos lados tan poco rentable que te están obligando a que realices películas que tengan su salida básicamente en vídeo o en televisión. No es que vaya a dejar de haber películas —porque mientras la televisión siga absorbiendo tantísimas posibilidades se seguirán haciendo— sino que surgen muy pocas posibilidades de desarrollar el lenguaje cinematográfico.

Con respecto al uso del lenguaje cinematográfico, yo he tenido suerte en mis tres largometrajes, en algunos más que en otros porque he tenido una cierta libertad de narrar las cosas a mi modo. Casi con cada película he ido modificando mis puntos de vista, probando y aprendiendo cosas nuevas. Hay cosas, sin embargo, que sí he mantenido y que se han ido convirtiendo en mi manera de pensar. Por ejemplo, para mí, el tiempo y la emoción del espectador son factores decisivos. La emoción del espectador cuenta; aunque al espectador lo puedes manipular muy fácilmente, en cambio no lo puedes emocionar tan fácilmente. Es decir, le puedes contar una cosa dramática: le atropellan a un niño, lo ves llorando, ¡claro que te conmueve!, pero es un tipo de emoción provocada un poco artificiosamente. Sin embargo, si eres muy hábil lo puedes emocionar con una escena que *aparentemente* no tiene nada, pero que cuando termina deja un nudo en la garganta porque apela al compromiso del espectador. Este proceso es para mí una elaboración artística.

Sin embargo, este tipo de cine que me gusta difícilmente te lo aceptan ya los productores. Siento que tengo que hacerles trampas, tengo que darles una historia que les atraiga, a menudo en forma de comedia. Ésta fue mi estrategia con *Danzón*, que es una comedia simpática, colorida y que para alguna gente funciona como una película muy entretenida. Pero, además, *Danzón* también es una revisión de un México que se está perdiendo y un juego con la nostalgia que rodea a ese mundo.

Decías que una de tus grandes pasiones es construir México. ¿Cómo aparece México en tus películas?

Desde niña, mis padres, super nacionalistas y socialistas de la época de los años treinta, adoradores del país, me enseñaron siempre a viajar por todo él. Se me enseñó a relacionarme con la gente, a mirar, a sacar conclusiones. Como era el ritual familiar más importante, todos juntos fuimos a Oaxaca y a recorrer los conventos de la tierra azteca. Yo crecí con una visión muy romántica e idealizada de México. Mi mamá decía —en ese entonces no era tan grotesco decirlo— que la ciudad de México era la mejor ciudad del mundo y hacía muchas bromas como: "¡Pobrecitos los que viven en París o los que viven en Londres! ¡Cómo sufren con ese clima tan horrible!" Efectivamente, cuando yo era niña, la ciudad de México era muy placentera. Sin embargo, también es cierto que parte de esa idealización venía de que imperaba una visión similar a la del muralismo mexicano: todo lo mexicano era grande. Obviamente, en mi crecimiento he ido matizando esa visión que he heredado y la he ido contrastando con la realidad a la que me he enfrentado en mi país. Sin embargo, también es verdad que me ha quedado mucho amor y mucho encantamiento por mi país. En mis películas exploro esa contradicción permanente entre mi visión y la de mi país, y juego con ella en el área que elijo como tema. Me gusta mucho mirar, tener humor, incluso burlarme como mexicana de los mexicanos. Pero, al mismo tiempo, tengo muchísimo amor por mi mundo, por mi cultura, por mi gente. Soy muy crítica, pero igual me encanta México. Elijo un tema y trato de desmenuzarlo; es un mecanismo que yo creo es heredado: me hago todas las preguntas posibles, trato de ir a un extremo, trato de ver lo feo, pero lo feo va quedando abajo. Saco lo mejor por encima y sobre eso voy acomodando las cosas como mejor puedo. Este mecanismo de crítica y encantamiento está presente en mucha gente de países colonizados; esta gente siente que es y no es del país. Por supuesto que soy mexicana e hija de mexicanos y no puedo considerarme de ningún otro lado; pero soy parte de la herencia de los colonizadores, no de los otros. Además, una parte de mi infancia la viví en Europa y parte de mi educación fue muy europea. Todo esto me pone siempre en una situación ambigua con respecto a mi propio país. En Oaxaca o cuando ando por algunos lugares del Yucatán, creen que soy alemana, y el que la gente de allí me vea como extranjera —quizás un poco menos cuando hablo— es una contradicción permanente para mí. Realmente, es como ser extranjero en tu propio país; con todo lo mexicana que me siento, sé también que no soy totalmente mexicana. En ese sentido, soy como muchos de la "inteligencia" mexicana, que realmente es gente que está un poco afuera. Carlos Fuentes, por ejemplo, ha llegado a grandes puntos de observación de México, pero es una gente con una cultura muy europea que buena parte de su vida la vivió afuera. Como él, soy un tipo de mexicana que tiene una distancia sobre México y que no puede dejar de manejarla en todo su trabajo. Tenía muy presente esta distancia cuando hacía *El Jardín del Edén* y hablaba con amigos o amigas chicanas. Pensaba: "Ellos, en algo, son más mexicanos que yo: en sus rasgos, en la cultura de sus abuelos, de sus padres." Cuando ellos hablaban ese español un poco viejo, de gente humilde, me daba cuenta de que mi español era el de los colonizadores. Es un choque cultural de clase con ramificaciones culturales muy fuertes. Finalmente, yo soy yo; tengo una sola vida, tengo la cara y la historia que tengo, y estas reflexiones se deben insertar dentro de mi trabajo. Todo ese bagaje lo quiero elaborar y por eso me ha llamado la atención el tema de México. Constantemente cuestiono mis propias ideas; no he llegado a decir : "Ya lo tengo muy claro, me ubiqué perfectamente, ya sé quién soy, en qué país vivo." Al contrario, cuantas más preguntas me hago, más preguntas salen, y no creo que las llegue a agotar.

¿Cuál es la relación del Estado mexicano, del gobierno mexicano, con tus personajes? ¿Los protege, los descuida, los ignora, los abandona o es cambiante?

Creo que soy una gente muy política, aunque sea antiestructura y no crea mucho en la izquierda parlamentaria. Soy de una generación que, realmente, creía que iba a cambiar una serie de cosas. A costa de muchas privaciones para mí y para mis hijos, que estaban chiquitos, durante diez años fui militante muy dura, maoísta. Había renunciado a una serie de cosas de clase y de mi historia personal. También estuve en el colectivo Cine-Mujer haciendo trabajo político. Entré al colectivo porque yo era la que podía relacionar a las chavas [mujeres] dentro del cine con organizaciones campesinas y colonias.

Cuando empecé a hacer cine estaba desencantada de la política de izquierda —la única que practiqué— porque a esta causa había dedicado años de mi vida. Empezar a hacer cine fue paralelo a renunciar a la militancia política; me dije: "No, regrésate a algo más creativo y salva tu vida." Cuando entré al CUEC en ningún momento me planteé cosas que tuvieran que ver con la militancia, desde el primer momento quise hacer cosas muy personales. A principio de los ochenta, en el CUEC todavía quedaba gente de izquierda que hacía documentales, pero además había entrando una generación mucho más joven que yo. Como no me sentía partícipe de lo que los veinteañeros hacían, ni tampoco me podía relacionar con gente del cine militante, busqué otra opción.

A pesar de que dejé la militancia, mi experiencia política se fue filtrando en lo que yo hacía en cine; fui buscando la manera de integrarla dentro de una forma más personal y artística. En mi cuarto año, por ejemplo, ubiqué *Una isla rodeada de agua* en la ciudad de Toyac, donde la guerrilla de Lucio Cabañas tenía fuerza y, aunque hice una historia muy poco realista, incluí la presencia de la guerrilla a través de los *graffitis* en las paredes. Además, trabajé con gente con la que me había relacionado durante mi militancia.

Fue un proceso que viví con mucha culpa porque representaba un cambio fuerte. Durante mis años de militancia, cualquier expresión personal pequeño-burguesa debía desaparecer porque no le servía a la Revolución. En este medio, como persona, yo no tenía el derecho a expresarme porque tenía que funcionar para otros. Al entrar al CUEC, me fui totalmente al extremo opuesto: "Ahora me expreso yo, hago mis historias", pero siempre me quedó lo que aprendí de México.

Tengo una emoción profunda por la injusticia que tiene mi país, por el horror en que vive y la quería incluir en mi cine, pero nunca hice nada militante. En *Lola*, estaba desencantada del gobierno en mi país, especialmente del PRI, que me parece que tiene que desaparecer. No lo propuse directamente, aunque quizás esté reflejado de una manera visual. Usé el cartel de "México sigue en pie" con ironía, como una burla. Es el enojo que yo, junto con otros mexicanos, sentíamos contra un gobierno que no había sabido organizar la ayuda ante el terremoto de 1985[11] y que había manejado mentiras acerca de las cifras reales y las responsabilidades de los constructores de los edificios. Con enojo, contrapuse "México sigue en pie" a imágenes que mostraban destrucción, e incluso me permití que Lola caminase con su niña frente a una tienda donde se leía: "Muera el PRI, fraude electoral." En cierto sentido no era nada, pero en cierto sentido lo era todo, porque en esos años poner ese cartel en una película, en México, podría significar que la película nunca se viera. En el caso de *Danzón* no planteé una reflexión sobre el gobierno o la política, sino más bien sobre nuestra propia responsabilidad ante nosotros mismos, sobre quiénes somos y si tenemos que avergonzarnos o disfrutar nuestra manera de ser.

[11] Dos grandes terremotos, de ocho grados en la escala de Richter, sacudieron la ciudad de México y otros tres estados el 19 y 20 de septiembre de 1985. En el terremoto murieron entre siete y diez mil personas, y se estima que unas 50.000 perdieron sus casas. Debido a que el gobierno no respondió con un plan de ayuda adecuado para las víctimas del terremoto, surgieron organizaciones de ciudadanos. Para muchos, el terremoto significó el comienzo de una sociedad civil en México, una sociedad de ciudadanos que quiere y puede gobernarse a sí misma.

En *El Jardín del Edén*, una película sobre la tensa situación étnica y política en Tijuana, la frontera entre Estados Unidos y México, era muy posible hablar abiertamente del gobierno. Lo hice, pero de manera más bien irónica y sutil. Por mi experiencia personal, me abstuve de culpar de todos los males al gobierno que tenemos; más bien preferí verlo como un problema enraizado en nosotros mismos. Para mí, lo que nos pasa, nos da la clave de por qué lo tenemos. No me interesaba hablar de villanos ni de qué gobierno tenía razón o no la tenía, ni de si los dos eran gobiernos que tenían intereses específicos. El gobierno mexicano es tan intolerante como el americano con su propia inmigración; en *El Jardín del Edén* tengo unas imágenes en las que el gobierno mexicano trata a los chinos como los norteamericanos tratan a los mexicanos en California.

Pasemos ahora a tu primer largometraje. Hay gente que decía que en Lola no pasaba nada, ¿a qué se debían estos comentarios?

Era más sintomático que dijeran que no pasaba nada, porque revelaba que la maternidad no les parecía un tema interesante. Cuando durante varios años llevé el guión de *Lola* a diferentes instituciones para financiar la película, me decían que no *trataba* de nada y que, por lo tanto, *Lola* no era nada. Nada sobre la vida de esta joven madre que tenía que cuidar sola a su hija de seis años les parecía significativo ni digno de ser contado. Creo que detrás de esa gran nada con la que se me recibía con el guión de *Lola* se encuentra una falta de interés sobre las cuestiones de la maternidad. Es una actitud social muy generalizada; toman la maternidad como una cosa natural, que no necesita ser explorada o que no tiene ningún interrogante que plantear. Sin embargo, las mujeres autoras estamos retomando cosas cotidianas o aparentemente intranscendentes y dándoles su justo valor en términos de la vida. Mis historias las cuento como un pretexto para hablar de algo mucho más vasto. En el caso de *Lola*, por ejemplo, no sólo me interesa la historia particular de ella y su niña; también me interesa, a través de *Lola*, hacer una reflexión muy profunda sobre las mujeres, la maternidad y la ciudad de México.

¿Qué efecto es más importante en la crisis de Lola: el lado económico de la subsistencia o el emocional de sentir el vacío de Omar?

Para mí, el detonador no es la situación económica; la crisis, realmente, se da porque Omar se va y a Lola le viene un vacío emocional brutal. No le viene una crisis económica. Ella sigue vendiendo ropa igual; estaba jodida y sigue jodida económicamente. En donde sí hay todo un cambio —al principio, en el desarrollo y también al final— es en su estructura emocional. A algunas feministas les molestaba que la crisis de Lola estuviese en función del vacío que siente cuando se queda sin compañero. Yo siento que soy muy sincera, no la estoy juzgando, estoy hablando de lo que he observado en la vida de muchísimas mujeres. El abandono nos causa un problema emocional muy serio y reflexioné sobre ello en la película muy dolorosamente. Que uno quiera las cosas de otro modo, es posible; yo simplemente lo narré de la manera en que yo lo he vivido y lo he visto a mi alrededor. Podría haber cambiado la narración de esa depresión de Lola, pero yo creo que es muy importante reflexionar y no mitificar ese vacío emocional. No me parece que convenga querer ser como no somos, sino ver qué nos pasa y, a partir de eso, transformarnos. El rasgo principal que tuvimos en cuenta para la construcción del personaje de Lola fue que actuaba en función de lo que sentía, no en función de un razonamiento. El personaje de Lola, pensamos, no analizaba ni reflexionaba sino que hacía las cosas de manera muy impulsiva y visceral, muy emocional. Planteamos una chava que si piensa las cosas, las piensa después; que está constantemente actuando en función de su rabia, de su enojo, de sus celos, de su desesperación, de su vacío, de su soledad, de su necesidad sexual. Incluso su relación con la niña es muy visceral; cuando después de la culminación de su crisis regresa a relacionarse con su hija y a rehacer su vida con ella, no está pensando: "Mi hija me necesita" o "Yo debo..." Lola está actuando a partir de sus sentimientos a flor de piel.

¿Podría Lola haber ignorado sus emociones y haberse sobrepuesto a su situación que empieza a tambalearse? ¿No te interesaba este tipo de opción?

La reacción de Lola la hice de una manera intuitiva. Primero creé a Lola y sólo después, reflexionando sobre el personaje, llegué a la conclusión de qué aspectos había querido yo abordar con él. Ahora pienso que hacer que Lola estuviese en control de sus emociones y se sobrepusiera hubiera sido pedirle que tuviera una actitud sobre su propia vida más masculina que femenina. Según mis propias reflexiones, las mujeres estamos mucho más en contacto con nuestras emociones que los hombres; les permitimos que tomen posesión de nosotras y que nos lleven. Hay todo tipo de mujeres: hay mujeres más fuertes, más inteligentes, más controladas, pero también hay mujeres mucho más viscerales. Sin embargo, me atrevo a decir que, dentro de toda la gama de variedades que podemos tener, hay un rasgo común entre nosotras: nuestras emociones son, mucho más, parte de nuestra vida. Nos dejamos acarrear mucho más por la depresión, nos permitimos llorar más, permitimos que, por lo menos, parte de nuestras vidas sea arrastrada por nuestras emociones. Lola es —no sé si es la palabra adecuada— muy típica; es como muchas mujeres somos, por lo menos en algunos períodos de nuestra vida, cuando no nos reponemos de nuestras emociones. Dejamos que nos arrastren, aunque sean emociones destructivas; dejamos que nuestra vida esté totalmente controlada por estas emociones.

En los hombres, la importancia de las emociones la vemos mucho menos, y por eso me parece que es uno de los rasgos que nos distinguen. Es curioso; muchas veces lo que nosotras les pedimos a los hombres es que sean como nosotras en relación a sus emociones. Creo que las mujeres hemos aprendido que parte de ser dueñas de nuestra vida es aceptar que las emociones nos son importantes. Es una pérdida y un poco engañoso el negarlo; aunque en algunos países haya una generación de mujeres que ha perdido contacto con la fuerza de sus emociones y ha jugado a ser iguales en un mundo de hombres. Quizás, esa no era la opción; a lo mejor, esas mujeres sienten que se convirtieron en algo para lo que han tenido que renunciar a otras cosas. Ahí está el punto de desacuerdo con una sección de la crítica feminista que piensa que el final de *Lola* debería ser de otro modo. Me parece curioso que esta crítica feminista coincida con una parte del público masculino a quien molesta que Lola empiece a llorar y no se pueda controlar. Para un hombre, hubiera sido mucho más fácil ver una película en la que la mujer es abandonada pero se levanta, trabaja y resuelve sus problemas. Si la mujer se levanta, él ya no tiene la culpa ni tiene que plantearse ciertas cosas. Sin embargo, cuando dejas que esa mujer se destruya por el egoísmo de ese cuate [hombre], entonces el hombre se irrita muchísimo. El hacer que Lola razone y se sobreponga al abandono es hacerlo fácil para todos: para las mujeres, porque les da un personaje ejemplar al cual seguir, y para los hombres, porque entonces no tienen que enfrentarse a la disputa. En *Lola* hice lo que, de acuerdo a mis parámetros, había que hacer: meter el cuchillo dentro de nosotras mismas y decir por qué sufrimos tanto, por qué nos dejamos arrastrar tanto, por qué nos gana tanto el corazón, las emociones, por qué somos tan frágiles. Quería explorarlo a fondo y así hacer como un agujero más grande para verlo mejor. También hay que tener en cuenta la respuesta del público femenino al que sí le gusta la película; todas esas chavas que salen con los ojitos hinchados y que se sueltan hablando de su vida después de ver la película. Efectivamente, la película es un detonador. Ahora, al que no le guste ver eso, pues que no le guste, lo entiendo. Sé que hay mucha gente a quien no le gusta plantearse las cosas, pero para otros es una fuente de reflexión importante; precisamente, porque hablo de las cosas como son, en un extremo de vulnerabilidad femenina.

Háblame un poco del final de Lola, *¿por qué pusiste ese final?*

Cuando uno escribe las historias, es real que los personajes toman las riendas de su propia vida. Como director, uno puede ir guiándolos, pero realmente no puede interferir en sus voluntades y en su desarrollo natural. Hubiera sido totalmente artificioso plantear que Lola, tal como está desarrollada dentro de mi historia, diera otra solución a su vida; no sería cierto. El personaje se encontraba con muy pocas posibilidades de realización: no tenía nada más que el respiro del gran amor a su niña para enfrentarse a una vida muy cerrada. Las cosas son como son: Lola muestra su vida como es y maneja sus posibilidades como las tiene, no más de las que tiene. Incluso, yo tenía un final mucho más duro para la película; pero a mí misma me pareció demasiado fuerte y lo cambié por algo que dejaba entrever un rayo de esperanza, una apertura en el cielo. A mí me desagrada profundamente ese cine de los finales felices hechos a la fuerza, en donde deberíamos ser tontos para creernos el desenlace, porque la historia está llevándonos por otro lado. Aunque no sea un final feliz ni Lola se convierta en la mujer que va a solucionar todos los problemas, sí saca una cierta fuerza; hay una evolución en lo que ella hace: Lola es una cuando empieza, otra a la mitad de la película y otra al final.

Lola y Danzón, *tu segundo largometraje, son películas muy diferentes. ¿Me podrías explicar cuáles son las diferencias entre ellas?*

En *Danzón* hay un gran cambio emocional. Cuando todavía estaba editando *Lola*, comenté con mi hermana —con quien escribo siempre los guiones— que teníamos que escribir algo muy alegre, que nos llenara de alborozo y de gusto por la vida. Después de todo lo que habíamos tocado a través de la historia de Lola, emocionalmente, me sentía muy desgarrada y tenía ganas de hacer justo lo contrario. De las primeras cosas que comentamos era que tenía que ser una película con mucho color, con música, con baile, con risas. Casi inmediatamente, nos surgió la idea de darle la forma de una comedia o de un melodrama jugado, constantemente, como comedia. El guión de *Danzón* era justo al revés que el de *Lola*: trataba de una mujer que podía abrirse camino casi sin ningún tipo de limitante. Aunque fuera una mujer de un medio tan reducido como el de Lola; sin embargo, por su fantasía, su generosidad, su apertura ante la vida, podía plantear casi lo que quisiera.

Artísticamente, hubo una diferencia importante: en *Lola*, los papeles principales eran para una niña de cinco años, que nunca había actuado y una actriz joven. En *Danzón* llevé a actores mucho más experimentados. Por supuesto, a nivel económico hubo una diferencia, pero tampoco era muy drástica, de escalones nada más. *Lola* costó alrededor de 200.000 dólares, *Danzón* 600.000 dólares. Muchos de los dólares de *Lola* eran simbólicos, porque en realidad nunca lo cobramos; era dinero que contabilizamos, pero que en realidad nunca pasó por nuestras manos. Con mayor presupuesto, *Danzón* nos permitió trabajar mucho más cómodamente, pero siempre dentro de un presupuesto de una película pequeña. La forma de producción era muy similar: había un dinero de Televisión Española bajo el mismo acuerdo que había habido con *Lola*. Era un programa de apoyo al cine latinoamericano por los festejos del Quinto Centenario que, si mal no recuerdo, nos dio 150.000 dólares. A diferencia de una coproducción —donde los coproductores también toman decisiones sobre la película—, nosotros en México pudimos manejar el dinero que nos dio Televisión Española, muy libremente, a través de la compañía privada Macondo. Como no se hicieron bajo un esquema de coproducción, las dos producciones estuvieron bajo mi control, dentro de lo que el dinero permitía. Me sentí bien en los dos casos, sólo que en uno hubo más comodidad que en el otro.

¿Por qué elegiste el mundo del danzón como tema central de tu segundo largometraje?

Lo elegí porque es un mundo muy rígido, muy convencional. Está, *aparentemente*, estructurado de manera diferente para hombres que para mujeres: la mujer tiene que vestirse de determinada manera y el hombre tiene que vestirse de otra; el hombre es el que manda y la mujer es la que obedece; el hombre es el que guía y la mujer es la que sigue. Muchos danzoneros incluso piensan que así también es la vida y viven su vida de acuerdo a esas reglas.

El danzón me parecía un esquema perfecto para usarlo como marco y jugar con él. Quería mostrar cómo, incluso dentro de ese marco, una mujer puede ser dueña de su vida. Los danzoneros dicen: "En el baile como en la vida el hombre manda y la mujer obedece", y yo lo traduje como: "En el baile el hombre manda y la mujer obedece, pero en la vida no." Para mí eso era esencial: sí podemos convivir, podemos bailar, pero eso no quiere decir que mandes en mi vida.

Julia [María Rojo] baila danzón y va a bailar siguiendo al hombre, porque además así se baila rico, ¿cuál es el problema? Julia es una mujer apasionada del danzón y capaz de seguir esas reglas: de vestirse como toda una mujer, de ser la que obedece en el baile, de seguir al hombre. Sin embargo, también es, total y absolutamente, dueña de su vida; eso sí, en los términos que le ha tocado vivir y que es lógico que tenga. Ella va haciendo sus cosas conforme a lo que se le presenta y es tan abierta, tan generosa, tan llena de vida... Está tan dispuesta a tomar de la vida lo que le viene y reaccionar con respecto a eso que, finalmente, es dueña de su vida. Es dueña de su vida más allá de lo que, inclusive, ella se va dando cuenta. Julia demuestra esta capacidad de elección en su viaje a Veracruz, al elegir a su amante joven y al dejarlo, y también al bailar con ese señor que es muy propio.

Incluso yo también me vi afectada por las reglas del danzón. El tacón alto que se usa para bailar, que caracteriza a Julia, se volvió un juego que se hizo explícito: los danzoneros me decían que me pusiera tacón alto para bailar. Yo les contestaba: "Perdóneme, pero es así. Yo aprendo a bailar danzón, sigo las reglas, pero no puedo usar tacón alto."

Además de jugar con las reglas del danzón también juegas con las del melodrama, ¿por qué?

Es un género que se nos da a los latinoamericanos. Mi hermana y yo, que hemos platicado mucho de eso, decíamos que la educación sentimental de una mexicana está totalmente vinculada al melodrama. Se nos educó dentro del melodrama, crecimos en el melodrama; es una forma que ha imperado en el cine durante muchísimo tiempo. Quizás, rompió con eso un poco el cine militante latinoamericano de los setenta que se fue, para mi gusto, al otro extremo: a lo panfletario, a lo plañidero, y quitó muchos de los valores que tiene el melodrama como forma expresiva. Por otro lado, si uno se queda sólo en el melodrama, el género puede hacerse un tanto limitante. Lo que hacemos es trabajar con este género, burlarnos de las formas del melodrama. En *Danzón*, de plano, jugábamos permanentemente con una elaboración melodramática, pero luego cambiábamos el rumbo y resultaba que no iba por ahí. Las escenas estaban construidas muy al estilo del cine mexicano de la Época de Oro, pero les dábamos una solución totalmente diferente y espero que sorpresiva.

Al hacer *Danzón* tomamos elementos de nuestra educación sentimental, pero también nos deslindamos de ellos. Así, a través del humor, logramos aceptar nuestra cultura y, al mismo tiempo, sentirnos como mujeres muy diferentes de lo que nos enseñó nuestra educación sentimental. Por ejemplo, al hacer la escena de Susy [Tito Vasconcelos] en la que le enseña a Julia a arreglarse como "total mujer", estábamos jugando con la visión de las mujeres que aparece en las revistas. De alguna revista sacó Beatriz eso de que la mujer otoño y la mujer verano se visten de tal forma. Son cosas que aparecen en cantidad de revistas y hacia las que tengo una especie de fascinación y al mismo tiempo de burla. Otro ejemplo es la escena en la que Tito Vasconcelos [Susy] le enseña a Julia a no tener miedo de parecer mujer; Susy no quiere que Julia crea "que parecer mujer es parecer puta". También, cuando Julia está arreglándose, pintándose, poniéndose la flor, dispuesta a ir a los muelles a buscar al marinero que ha visto en uno de los remolcadores, dispuesta a decir que es su primo en caso de que alguien se lo tome a mal, estábamos jugando con nuestra educación sentimental.

Jugando, vamos explorando todas las cosas que hemos heredado; empleando este mecanismo no te pesa: "Así me educaron, ésa es mi tradición y ahí la tengo, pero me burlo de ella y no la llevo a cuestas." Yo no tengo la manera de ser de la mujer de los melodramas; ni ese esquema de concebir la maternidad, lo rompí. Sin embargo, reconozco que el melodrama ha tenido su influencia en mi forma de ser, en mis sueños y en algunos rasgos. Jugábamos siempre con esa contradicción por la vía del humor y nos funcionó, porque nos divertimos mucho y fue muy grato.

También queríamos manejar por la vía del humor la relación de Julia, una mujer mayor, con Rubén, un joven marinero. Queríamos reírnos de la necesidad de Julia de decir una gran cantidad de mentiras y enredarse en ellas, de inventarse una hija más chica para parecer más joven cuando habla con Rubén. Lo que yo no sabía era que, después, el mismo mecanismo iba a operar en el público; que el mismo público, por esa vía del humor, iba a tomar el melodrama al que está acostumbrado y a relajarse muchísimo, a divertirse, a sentirse muy bien. Finalmente, cuando reconoces toda tu herencia, tienes la sensación de sentirte bien; todos los esquemas los ves ahí, como puestos de una manera simpática y te pesan mucho menos. En *Danzón* quería regocijarme, enternecerme con mi herencia cultural, con ser mujer en México. Quería elogiar, inclusive, una parte con la cual ya no me puedo identificar plenamente, porque ya estoy en otro punto. Aun a pesar de mi distancia, quería jugar a ver a México, así, a través de esos ojos.

Entonces, ¿están relacionados el danzón y el melodrama?

Sí, por época. Para hacer la película pensé mucho en el cine y la música de los años cuarenta. En esa época tuvieron una fuerza enorme los grandes melodramas mexicanos en el cine y los boleros[12]. Ambos están vinculados históricamente y tejidos dentro del mismo panorama cultural; son como diferentes aspectos de nuestra educación sentimental, de nuestra forma de sentir. Mientras escribía el guión de la película pensaba mucho en la música que he oído toda mi vida. Es una música que, si vives aquí, no dejas de escuchar; la oyes en el restaurante, en el taxi, aparece en las películas viejas de la televisión que pasan constantemente y es la que te lleva el novio. Muchos valores se estructuraron en base a estos melodramas: los valores de la abnegación de la mamá, de las relaciones hombre-mujer, de la pureza de la mujer y la dicotomía de siempre: la mujer prostituta o la mujer santa.

Además, los cuarenta es la época en la que la cultura mexicana se extendió, sobre todo a través del cine y de la música. Platicando con gente de otros países de América Latina, siempre te hablan de que ellos escucharon esas canciones, vieron esas películas, adoraron a Pedro Infante y escucharon a Toña La Negra. En España —que tuvo todo ese período tan agravado, tan muerto durante la dictadu-

---

[12] Bolero: baile de origen español que llegó a Cuba a principios del siglo XIX. En Cuba se hizo más lento, pasando de un compás en 3/4 a uno en 2/4 y se consagró como un baile lúdico, lírico y lánguido.

ra— se recibió muchísimo la cultura hispana. Esa propuesta mexicana de los años cuarenta a la que me refiero en *Danzón*, que es muy encantadora si logras hacerla tuya, fue la que viajó a todo el mundo.

Cuéntame algo sobre Toña La Negra.

Toña La Negra es un personaje especialísimo de la nostalgia mexicana; hasta el punto de que, en Veracruz, hasta tiene su monumento. Era una mujer de personalidad muy fuerte, que cantaba maravillosamente bien con un sentimiento muy de Veracruz. Aunque hay gente que dice que era muy cabrona, a mí, personalmente me encanta; cualquier canción cantada por ella me parece sabrosísima. Cuando en un principio pensamos en el personaje de Doña Ti [Carmen Salinas], definimos que era una mujer que siempre cantaba. Y por el juego de la nostalgia constante de la película decidimos que cantara boleros, música vieja. Luego se empezó a perfilar que lo hacía como Toña La Negra, que el punto de referencia de Doña Ti era Toña La Negra. Además, cuando se decidió que Carmen Salinas hiciera el papel de Doña Ti, coincidió que ella era imitadora de Toña La Negra, a la que había conocido personalmente. Como la había imitado muchas veces, entonces se sentía muy cómoda. De hecho, la referencia a Toña La Negra nos sirvió también para trabajar el guión. Me acuerdo de que me decía mucho Carmen Salinas: "No, es que Toña La Negra sí era cabrona, parecía cabrona y era cabrona. Sin embargo, Doña Ti parece cabrona pero no lo es. En cuanto Julia llora, se abre de corazón." Llegamos a la conclusión de que Doña Ti era un pan, una mujer muy buena, aunque se presentaba como si también fuera muy cabrona.

Has mencionado que las escenas de Danzón *están construidas al estilo del cine mexicano de la Época de Oro, ¿cuáles son las películas de las que más te acuerdas?*

Siempre me gustó mucho Tin Tan [Germán Valdez], incluso mi papá escribió algunos guiones para sus películas. Él lo manejaba casi con vergüenza, porque era un escritor serio y en ciertos momentos lo hizo por ganarse la vida; pero a mí me parece una cosa importantísima de su currículum. Para mí, Tin Tan es humor negro a la mexicana, es estarnos burlando de nosotros mismos. Además, me gusta mucho su apego a la vida e incluso la adoración a la muerte. También me gustaban mucho las películas de Pedro Infante; en general, prefería las comedias. Las películas de madres que sufrían o de prostitutas redimidas, las vi bajo la crítica de mi madre, que decía que esas mujeres eran unas idiotas. Mamá era como feminista en potencia y por eso yo veía a los personajes femeninos con una cierta visión crítica. Sin embargo, recuerdo que desde niña me fascinaban las mujeres hermosas del cine mexicano —sobre todo María Félix—. Las viejas películas de Cantinflas también me gustaban mucho porque, aunque tenían una cierta superficie como de boba-da, eran una reflexión muy valiosa. Tienen un deseo de vivir la vida felizmente que se sobrepone a muchísimos problemas, a desgracias. A mí, me parecen un buen freno ante el tono de la época moderna; por eso, en *Danzón* intenté seguir esta tradición e hice que se valora-ran cosas que son, esencialmente, más gratificantes que el logro monetario o la estabilidad económica. Esa elementariedad sobre la vida de la cultura mexicana me parece muy sana y muy inteligente.

Pasemos a detalles más concretos de la película: descríbeme cómo es el personaje de Julia.

Me parecía más real que Julia no fuera un personaje temerario dentro del feminismo, sino que fuera una mujer común y corrien-te. Julia no es bella, ni joven, tiene una hija y no tiene compañero. Es una mujer que tiene un pinche [odioso] trabajo jodido como telefonista y está rodeada de puras mujeres todo el santo día. Es una mujer que no tiene una cultura especial ni es particularmente inteligente, ni es rica, ni siquiera tiene muchas amistades.

Cuando Julia está viendo actuar a Susy en el cabaret, ¿por qué la mirada de Julia se detiene en los pechos de esas muñecas que decoran el cabaret?

Cuando escogí el cabaret donde cantaba Susy —que era una locación en el D.F., no en Veracruz— me fascinó por la ingenuidad con la que estaba decorado un lugar bastante tenebroso. Lo encon-tré un lugar absolutamente horrendo, oscuro, con prostitutas de quinta cobrando casi nada y con esas muñecas de tetas enormes y pelucas de las cuales salen cucarachas. Quienes hicieron la decoración debieron de considerarla muy incitadora; lo idearon como algo que hacía que el ambiente fuera muy caliente. Sin embargo, a mí me daba una ternura infinita que hubieran decorado un tugurio así. Elegí el cabaret porque me parecía una expresión cultural muy *naïf* y porque Julia es también muy *naïf*. Julia es una mujer muy propia, con ciertos valores, con una falda larga, sin embargo también es generosa de espíritu y muy abierta. Cuando se topa con un travesti tiene dos reacciones. Por un lado, ella evalúa si Susy es buena gente; se pregunta: "¿Me quiere ayudar?, ¿me está tratando con sinceridad?" Por el otro, con una gran ingenuidad, se pregunta: "¿Por qué siendo hombre se viste de mujer?" y trata de acomodarlo en su cabecita. Por eso, dice en algún momento: "¡Ah!, son artistas. Con razón se visten así", porque estaba un poco inquieta. Igual cuando va a ver el *show* y está viendo el lugar, me pareció que esas muñecas de las paredes retrataban muy bien la ingenuidad con la que Julia ve la vida. Ella mira las muñecas que pretendían ser sexy y reacciona con un poquito de pudor; como si estuviera viendo una mujer encuerada. También tiene ese pudor cuando curiosea entre sus pechos postizos. Elegí detenerme en este detalle porque así es Julia, así está narrada la película, así es el danzón e incluso así es México.

Ese pudor a mí me da muchísima ternura, porque no se trata de lo antiguo, lo pasado, sino que es un sentimiento generoso y bastante ingenuo. Lo más gracioso, la mayor prueba de la existencia de ese pudor a nivel nacional es que al pasar estas escenas por la televisión mexicana las censuraron; quitaron, precisamente, las tomas de las muñecas encueradas. Esto me hizo pensar que, efectivamente, no estaba equivocada y que mi país tiene esa ingenuidad. El pudor de este censor es, exactamente, como yo lo estaba tratando: no quiso que se vieran por televisión estas mujeres de yeso de enormes tetas.

Pasemos ahora a hablar sobre tu tercer largometraje. ¿Cúal es el tema principal de El jardín del Edén?

Mi intención era explorar el registro de la diversidad y de la locura visual que se vive en la frontera de Estados Unidos con

México. Una de las motivaciones principales para hacer la película
era tratar de reflejar las varias visiones de la vida que coexisten en
la frontera. También me interesaba la frontera física; ese muro, esa
línea, que tan violentamente divide dos culturas, dos lenguajes,
dos formas de vida. Pensando que cada cual ve las cosas que le
rodean desde la perspectiva de su óptica cultural y de su propia
historia individual, traté de contraponer la visión que los personajes tenían de lo que estaba sucediendo en la frontera. Las diferencias culturales y personales hacen que los puntos de vista de los
personajes lleguen a contraponerse. Por ejemplo, mucho de lo que
un mexicano indocumentado como Felipe busca es lo que una
americana como Jane quiere dejar atrás. Y al contrario, mucho de
lo que Felipe quiere dejar atrás es, justo, lo que Jane busca y mitifica. Hay mucha mitificación en la visión de Jane de México; no porque no sea una visión real, sino porque desde su particular punto
de vista ella le está viendo lo poético, lo aventurero, lo armonioso,
lo exótico. Sin embargo, alguien que viene de México como Felipe,
mitifica lo estable, lo seguro, el salario bien remunerado, el comer
todos los días. Visto así, cada cual está mitificando al otro lado de
la frontera.

*En tus dos largometrajes anteriores has elegido una estructura en la
que destacas un personaje central, ¿por qué has cambiado de estructura
en* El Jardín del Edén?

Por un lado, tenía ganas de probar una estructura muchísimo
más difícil y mucho menos convencional en cine, pero lo principal
era que yo quería representar esa diversidad que se veía en la frontera. Pensé que si lo narraba a través de una sola historia con un
personaje o un par de personajes iba a perder muchísimos de los
rasgos que me impresionaban y elegí hacer varias historias que no
dependieran una de otra, sino que existieran al mismo tiempo.
Preferí apostarle a la locura de esa diversidad que se siente en la
frontera y aún me quedé corta en la película, porque podría haber
empleado muchas más variantes visuales, de lenguajes, de ánimo,
que se viven a través de las diferentes personas de la frontera. No
quería renunciar a ningún aspecto, ni al choque de las culturas

indígenas trasladadas a la frontera, que es un proceso muy violen-
to; ni a la visión de un indocumentado que espera lograr algo más
allá y que tiene sus propios mitos; ni a la visión de una americana
enamorada de lo exótico y del "otro", que es lo que para ella significa un país como México; ni a la visión de un americano como
Frank que, por estar estudiando las ballenas y los delfines, le da
un poco la espalda a México. Frank demuestra algo que tienen
mucho los norteamericanos: una enorme preocupación y compromiso hacia las especies de animales, pero una insensibilidad a las
cuestiones humanas, incluso a la gente que le limpia su casa. La
película tiene una reflexión con ternura sobre ese enorme egoísmo
de la cultura norteamericana. También quería hablar de la visión
de una mexicano-americana, una chicana que se inventa un México que probablemente no existe, pero que tiene que seguir su propia necesidad de buscar sus raíces. Quería manejar visualmente,
emocionalmente, todas esas visiones, y la única manera en la que
sentía yo que era posible era a través de un mosaico en el que el
punto de vista estuviera compartido. El punto de vista es siempre
el mío, pero yo me puedo poner en la piel de todos los personajes;
nunca he podido escribir personajes que no tengan nada que ver
conmigo. Incluso tengo un poco de Frank, ese americano egoísta,
que es el que yo podría considerar más lejano a mí, también tengo
un poco de todos los demás personajes y por eso los trato con afec-
to. No es una visión crítica, pero sí es una visión de una enorme
diversidad.

*En cuanto a la dirección ¿qué problemas presentó la estructura de
mosaico de* El Jardín del Edén?

En *El Jardín del Edén* tenía ciertas ideas claras, pero la presión a
la que me tuve que enfrentar fue demasiada. En este caso mi poder
de decisión fue disminuyendo: se me obligaba a hacer cosas y simplemente no se me permitía ni el poder de negociación ni el control de la película, e incluso tuve problemas con la posición de la
cámara. También, siento que hubo muchos problemas de organización en el rodaje. Hubo momentos en los que la dificultad de
entablar relaciones entre los actores afectó mucho mi manera de

trabajar. A mí me gusta mucho trabajar las películas con antelación, pero en este caso los actores no se pudieron conocer. Debido
a problemas económicos, no pudimos contratar a un actor para
que llegara con la antelación necesaria para trabajar con los otros
actores. Esto hizo que tuviera una cierta dificultad en profundizar
en las relaciones humanas, tanto mías como de los actores entre
ellos. Además, constantemente hubo cambios en lo que se iba a filmar y, como consecuencia, a los actores les costaba trabajo ir hilva-
nando de una manera lógica el desarrollo de los personajes, por la
manera en la que estábamos desarrollando las escenas. Hubo muy
mala planificación de rodaje, muy malas condiciones de organización, y eso sí repercutió mucho en la calma y la profundidad de
trabajo con los actores y conmigo misma.

Además, también hubo problemas de producción. Desde el
momento de la preparación, aproximadamente año y medio antes
de hacer la película, yo había dialogado con las autoridades esta-
dounidenses y con los mismos miembros de la Border Patrol para
trabajar en la frontera misma, que era lo primero que íbamos a filmar. Sin embargo, justo cuando empezábamos a filmar, estos
acuerdos cayeron. En ese momento, yo no sabía claramente qué
estaba pasando. Supe que había habido una orden de Washington
y una reunión en San Diego, pero realmente lo que se venía era la
política de Wilson de la proposición 187[13]. Lo que estábamos
viviendo en este momento era una actitud xenofóbica *in crescendo*
que había en la frontera. No venía de los miembros de la Border
Patrol, que individualmente en muchos casos pueden ser hasta
buenas personas, sino de las consignas estatales de no apoyarnos
y de obstaculizarnos el trabajo. Eso nos causó problemas casi
imposibles de resolver. Constantemente tuvimos que estar cambiando el horario y el lugar de todo lo que era la filmación en la
frontera misma para que ellos no supieran, porque ya tenían como
instrucciones de obstaculizar el rodaje de la película. Eso fue gra-

[13] Propuesta de Peter Wilson para que el estado de California negase el derecho a
los servicios médicos y a la escolarización a los emigrantes indocumentados.

vísimo, porque cambió toda nuestra manera de organizar el trabajo. Éstos fueron los grandes problemas, los que no correspondían a
mi trabajo de todos los días ni al del gerente de producción, sino
que venían de más de arriba. Creo que como era una película muy
ambiciosa, muy costosa para ser película mexicana, y además
coproducción de varios países... De repente, resultó una verdadera
pesadilla.

Lo que sí me gustó mucho fue la mezcla cultural que sucedió
dentro del equipo de filmación. Era una película fronteriza; no
sólo porque estábamos en Tijuana, sino porque los que trabajába-
mos en ella éramos gentes de diferentes culturas. Las mayores dificultades de comunicación que experimentamos no se debían al
lenguaje —porque el que más y el que menos podía hablar otro
idioma—, sino a las diferencias culturales, que eran la causa de
nuestros recelos y nuestros sentimientos para con los otros. De
repente, no nos entendíamos porque las reglas de cortesía eran
otras; los mexicanos somos muy sensibles a la cortesía y las cosas
muy directas o muy bruscas de un extranjero las tomamos como
agresiones. A veces, había malentendidos entre los actores por esta
brusquedad o se llegaba a situaciones jocosas. Las diferencias dentro del equipo de trabajo me parecieron positivas y traté de poner-
las en juego para que favorecieran la diversidad que buscaba con
la película.

*¿Qué elementos son esenciales dentro de tu narrativa cinematográ-
fica?*

Cuando veía el cine de Andrei Tarkovsky o del viejo Michelan-
gelo Antonioni o de Thodoros Angelopoulos, pensaba que la
narrativa del cine está más relacionada con la poesía que con la
dramaturgia. Tarkovsky explica que si se quiere dar trozos de vida
en la pantalla la poesía es un arma mucho más certera que la dramaturgia. Yo creo que Tarkovsky tenía razón; siento que el cine es,
precisamente, otra forma artística que tiene mucho de literario,
como tiene mucho de pictórico, pero que tiene sus propias formas.
En cambio, hay gente que cree que las cosas se tienen que contar
en cine de una manera dramatúrgica. Un ejemplo de esta tenden-

cia es la escritura de guiones norteamericana que evolucionó de la dramaturgia. Comúnmente, se pide que uno organice una narración de una manera dramatúrgica casi como de receta; se trata de estructurar esa hora y media para contar algo y llegar a un fin. El caso extremo es una persona como Syd Field[14], que hace un libro en el que dice en qué página tiene que estar qué, cómo tiene que hacerse el nudo dramático, cómo tiene que resolverse y hasta en qué momento se puede presentar a los personajes.

Ante esta organización te puedes preguntar: "¿Sí? ¿Por qué? ¿Quién dice? ¿Para llegar a qué?" Efectivamente, son fórmulas que funcionan para que en una hora y media tú cuentes una historia que satisfaga al espectador y sobre todo al productor, que generalmente tiene una mentalidad muy diferente. No estoy de acuerdo con que se juzgue si una película está bien narrada basándose en ese tipo de dramaturgia; a mí esa forma de narrar "bien", me aburre. El narrar "bien" lo estudié en la escuela, lo podría hacer, pero no le veo ningún sentido. Desde que hice *Lola* —sobre todo aquí en México, pero también en los Estados Unidos— siempre me he topado con un lado de la crítica que dice que mi narrativa es floja, que no estoy sabiendo narrar. Para ellos narrar bien es narrar de una manera convencional, como Field. Es cierto que hay películas norteamericanas maravillosas muy bien narradas, pero no saben que hay una narrativa cinematográfica mucho más vasta. No es que mi narrativa sea floja en *Lola* y *Danzón*, sino que no estoy empleando una propuesta narrativa convencional.

¿Cuál es para ti la importancia del avance narrativo, de que pasen cosas?

La verdad es que me tiene sin cuidado que pasen cosas, pero me siento un poco forzada a meter más acción, porque sé que si no

---

[14] Estadounidense que dio cursillos en la ciudad de México sobre cómo escribir guiones cinematográficos. Autor de *Screenplay: The Foundations of Screenwriting* (New York, Delaware Press, 1979, 1982 y 1994). Como se explica en la portada, el libro guía al lector paso a paso sobre cómo escribir un guión fílmico, empezando por el concepto que se quiere desarrollar y acabando con el guión final.

la gente la extraña y se desconcierta o piensa que lo que estoy haciendo es raro. Para sobrevivir trato de negociar, pero mi manera natural de armar la narrativa siempre ha sido a partir de lo que estoy queriendo mirar. Reflexionando, he llegado a la conclusión de que, muchas veces, los recuerdos más significativos en la vida de una persona o en la vida del personaje que escribo no son acciones contundentes o hechos que ocurren. A veces, las cosas son más sutiles, casi imperceptibles; lo importante es cómo nos van afectando y qué recepción nos provoca. Para mí, la manera en la que los hechos nos afectan tiene más valor que la acción misma, porque la acción distrae; cuando no hay acción, pones la atención en otra cosa. En cambio, en los manuales de cómo se hacen los guiones cinematográficos se tiene una visión diferente: los hechos espectaculares se fijan, y después se hace que, a la fuerza, engranen las cosas. Se programan de antemano las cosas que ocurren y después, en la acción, se hace encajar a los personajes, sus vivencias, sus sentimientos. No veo la vida así y no me gusta narrar así.

Nunca tengo una acción determinada que les imponga a los personajes; les sucede lo que les tiene que suceder. Por darte un detalle: yo no había planeado que Lola le rompiera una botella en la cabeza al tipo con el que está en la playa. Tenía la idea de que iba a la playa para curarse, para respirar, para deprimirse incluso a gusto. Sin embargo, en algún momento, era tanto lo que este tipo la molestaba —sin ser el peor tipo del mundo ni mucho menos— que, de repente, Lola no tenía más remedio que darle un botellazo y se lo daba. Escribí el incidente de Lola así porque pensé que la situación la llevaba a Lola a tener esa reacción porque el guión así lo requería. Para mí, las acciones que suceden en un guión son una consecuencia de los factores que se van juntando: como la vida misma, ocurren.

Te doy otro ejemplo de las diferencias que hay entre mi manera de escribir guiones y la propuesta por Syd Field: la salida de Julia [María Rojo] del D.F., que aparece en *Danzón*. Para mí, era importante que no hubiera una razón concreta, clara y unívoca que llevara a Julia a irse a Veracruz. Un esquema narrativo convencional la hubiera forzado a irse, exclusivamente, para averiguar qué pasó con Carmelo. Porque, bajo un esquema convencional, como le dicen que Carmelo se fue a Veracruz, ella tiene que ir a buscarlo. Yo, en cambio, no tengo una sola razón para que Julia se vaya. Además de Carmelo, yo también tengo en cuenta otra serie de factores: Julia se deprimió y se quiere ir a donde se pueda; nunca había ido al mar y a lo mejor ya es hora de que vaya; platica con su mejor amiga, y Silvia la estimula y le dice: "Váyase mi reina, ándele. Váyase, donde le dé la gana, pero váyase porque ya nadie la aguanta." Todas estas razones son tan importantes como que Carmelo, *probablemente*, se fue a Veracruz. Es más, lo de que Carmelo se fue a Veracruz, a lo mejor medio lo escuchó, medio es cierto y a lo mejor hasta ella misma sabe que es una locura. Julia no se va para averiguar qué pasó con él. Aunque diga: "Tengo que ir a Veracruz a avisarle que ya encontraron al culpable", es mentira. Tenemos que saber —tanto nosotros como ella— que en el fondo de su corazón se va porque le urge largarse, porque está en un momento de su vida en el que ya su hija no le hace ningún caso, se puso de mal humor y la ciudad la pone peor. Uno siempre se está justificando y está diciendo cosas más racionales de cómo uno realmente actúa. Es el pretexto ideal: que tiene que ir a avisarle. A avisarle, ¿a dónde?, si ni siquiera sabe dónde vive ni a qué se dedica. Aunque no es del todo cierto que esas razones no cuenten, lo más importante es que se va por una necesidad interna. En Veracruz busca algo que está dentro de sí misma y es difícil de definir. Así se explica que cuando llega a Veracruz le es fácil olvidarse de que vino a buscar a Carmelo. Los demás siguen creyendo que ella fue a buscarlo, pero ella ya está en otra cosa. Las acciones ocurren y uno siempre tiene explicaciones, pero hay motivaciones mucho más borrosas que las que usa la escritura de guiones convencional. Esas motivaciones borrosas son las que, realmente, lo mueven a uno a hacer las cosas.

También influye en mi forma de escribir guiones lo que quiero mirar a través de ellos. En una película como *Danzón*, la propuesta permanente del guión era explorar la visión ingenua, optimista a ultranza que tiene Julia sobre la vida. Yo, como realizadora, compartía la visión de mi personaje sobre México, sobre el baile, sobre las mujeres, sobre la felicidad, sobre el amor, sobre el destino, sobre la casualidad, sobre la generosidad de unos con otros. Al escribir el guión, esa ingenuidad y optimismo a prueba de todo era mucho más importante que una acción específica. La manera de mirar de Julia es la razón por la que hice *Danzón*. A fin de cuentas, Julia está viajando porque le da la gana; se está permitiendo algo que muy pocos nos permitimos; algo que, a lo mejor, sólo se permiten los niños. Cuando escribí el guión, pense: "Ahí está, ése es el ánimo con el que va a viajar." Te doy otro ejemplo, cuando la hago descender a Julia del tren en Veracruz, uso un encuadre clásico para mostrar que el personaje ha llegado a su destino: pongo la cámara en las escaleras del tren y baja el personaje. Sin embargo, también añado un detalle esencial: los tacones de Julia. Al añadirle los tacones, esta escena tiene otra lectura que la convencional de "el personaje llega a su destino". Estoy implicando que aunque llega el personaje y desciende —como todos los personajes que bajan de los trenes—, sin embargo este personaje es diferente. Esos tacones altísimos, que la caracterizan en toda la película, hacen una referencia a la manera de mirar el mundo de Julia. Permiten unir su descenso del tren con su sensación de que los hombres la están mirando; tal pareciera que cuando Julia llega a Veracruz la estación está llena, exclusivamente, de hombres. Cuando rodamos esta escena había varios extras: mujeres, niños, que yo no quería incluir en el encuadre. La gente me recomendó que no los excluyera, porque, decían, no era realista. Yo no seguí su consejo porque el que sólo aparecieran hombres en la escena era importante para representar el ánimo del viaje: tenía que dar la sensación de que Julia estaba sintiendo que no había más que hombres que la miraban. Lo esencial era respetar el ánimo con el que se bajó del tren. El que sea real o no que en Veracruz no hay más que hombres que la miran, no importa; lo que importa es que esos piecitos entaconados que bajan del tren traen eso en la cabeza.

Háblame ahora de cómo el dejar que los personajes construyan su propio guión y el mostrar su ánimo se traduce en lenguaje cinematográfico.

Constantemente me propongo movimientos de cámara que no he visto, y que a veces resultan y a veces no. Cuando acabé *Lola*, me daba la sensación de que, en algunos casos, el movimiento le agregaba algo a lo que estaba contando, porque muevo la cámara no para seguir la acción, sino para añadir detalles sobre el personaje o el entorno. Por ejemplo, si estoy filmando cómo Lola va a la cocina y saca algo del "refri", no tengo por qué seguirla con la cámara. Así, mientras ella saca la leche, me permito recorrer cómo tiene decorada la pared o algún otro detalle importante de cómo vive ese personaje.

En *Danzón* seguí desarrollando mi lenguaje cinematográfico confiando cada vez más en mi intuición. La escena del guión original en la que Julia sale a Veracruz era distinta a la que aparece en la película. No era una escena tradicional en la que el tren va a arrancar y ella se sube apresurada con las maletas, tampoco Julia ve desde la ventanilla cómo se acerca Veracruz, nada de eso. Era una escena en la que ella veía a un joven soldado con pelo muy cortito sentado enfrente de ella y lo observaba minuciosamente: le veía las botas, el uniforme, la cara de jovencito, el pelito corto. Después miraba por la ventanilla y veía a un viejito con una niña que escuchaba una música infantil, muy tradicional en México, originaria de Veracruz. Lo que pretendía con esta escena era meter a Julia en un estado en el que estuviera dispuesta a mirar cualquier detalle que se le presentara y a absorberlo como esponjita. Al final, no hubo recursos para filmar en un tren en movimiento y en una estación intermedia y tuve que reescribir la escena.

Pensando en cómo iba a rehacer la transición de Julia del D. F. a Veracruz, me acordé de un cuadrito de un tren cruzando un puentecito que está en casa de la mamá de Jorge[15]. Confié en mi intuición y les dije: "Bueno, tráiganme el cuadrito de la barranca del Metlac[16], porque con él voy a filmar la transición." Tuve confianza en que esa corazonada significaba algo, como las asociaciones que

---

[15] Jorge Sánchez, productor de *Danzón*.
[16] Esta barranca está camino de Veracruz.

aparecen cuando analizo mis sueños; si yo pedía ese cuadrito, debía tener mis razones. La confianza en mi intuición me hizo también pensar que cuando me trajesen el cuadrito iba a saber inventar un plano que funcionase.

Después, he podido racionalizar el proceso: un viaje que se narra a partir de un trenecito que va por encima de una barranca con vegetación exótica, se asocia mucho más con el impulso de viajar de este personaje que si se narra cómo ese personaje se despide de su hija en la ventanilla. Es una especie de confiar en mi inconsciente que tiene que ver con Tarkovsky. Como te decía antes, estoy de acuerdo con su idea de que las asociaciones poéticas, finalmente, pueden tener una profundidad infinitamente mayor. Una alusión poética funciona mucho más que una regla; las reglas solamente funcionan si vas a jugar con ellas, si te vas a burlar de ellas, si las vas a subvertir en un momento.

En general, ¿qué aspecto de la dirección se te ha hecho más difícil?

Lo más difícil cuando estoy dirigiendo es crearme un espacio desde el que pueda escuchar mi propia voz. Me parece difícil conservar una especie de coraza o de nicho interno desde el que seguir hablando con mi ser creativo. No me refiero a un diálogo con tu fotógrafo, con tus asistentes o en el mejor de los casos con tus actores. Eso no es dialogar contigo mismo. Una vez recorté una frase de Ingmar Bergman que decía que cuando un director deja de escuchar su voz interna, está perdido. Me parece que Bergman tenía razón cuando hablaba de la necesidad de proteger la voz interna del artista para que se exprese. Con el tiempo he aprendido a darme cuenta de que, cuando fue tal la presión que ya no pude escucharme, perdí el contacto conmigo misma e hice las cosas mecánicamente, y con el tiempo he creado un mecanismo para evitarlo. Después de esos días impresionantes de rodaje, voy a mi cuarto y reviso la grabación en *video-assist*, una especie de apunte en blanco y negro con sonido de baja calidad. Antes lo hacía para cerciorarme de qué había hecho y cómo había quedado, pero me he ido dando cuenta de que también es una especie de disciplina que me obliga a estar sola y recuperar el contacto conmigo misma.

Ese diálogo conmigo misma es esencial porque tengo un proceso creativo distinto. Mi método es intuitivo, absolutamente emocional. Lo que me mueve es la ternura: si me enternece lo que estoy viendo cuando estamos instrumentando la escena, sé cómo mover la cámara. Si el actor me está poniendo la carne de gallina, si me está haciendo un nudo en la garganta, inmediatamente hago que la cámara esté con este personaje. Éste no es un proceso exclusivo del rodaje, en mi vida también me mueve la ternura: lo mismo que me pasa en el rodaje me pasa cuando estoy viendo algo en la calle, cuando estoy mirando a los niños, con un perro que pasa, con los árboles. Como directora de cine, aparte de que las cosas tengan que estar a tiempo, planear, resolver y tomar decisiones es preciso no perder ese diálogo interno; trato de percibir esa ternura que significa tanto para mí y sobre ella organizo mi historia. Pienso que es algo que tiene que ver con lo que uno fue de niño, con lo más interno, real y escondido.

Cuando tú estás solo, en tu escritorio, pensando, oyendo tu música, es fácil ponerte en contacto contigo mismo, pero en el rodaje es muy, muy difícil. La gente no se imagina el trabajo que requiere hacer una película; es un trabajo titánico, casi militar e incluso casi infernal, porque es costosísimo e implica un montón de tensiones y de imposiciones de la tecnología que se usa para filmar. Te tienes que ajustar a una realidad contundente y apabullante: la gente te pregunta si el cable puede ir por aquí o si quieres que le pongan una sombra verde en el ojo a la actriz o si el actor debe decir su diálogo de tal manera. Mil cosas, hasta las que supuestamente no te tocan, pero que te llegan porque simplemente eres la cabeza de la cosa: que tales camiones del equipo están atascados y no van a llegar a tiempo, que tal actor está sufriendo un colapso nervioso, en fin, todo.

Es un proceso un poco esquizofrénico: tienes que tener una parte de ti funcionando artísticamente, dejando funcionar tu intuición, tu percepción más natural de las cosas. A esta parte, siempre alerta de lo que estás viendo —como composición visual y sentido del tiempo—, tienes que cuidarla para que funcione y para ello tienes que hacerle *tú* un nicho. Al mismo tiempo, otra parte de ti mismo tiene que ser absolutamente práctica y pensar siempre en términos de dinero. Como el cine es muy costoso, tienes que saber lo que no te puedes permitir: que esta toma no se puede repetir porque lleva tanto material, que tienes que hacerla con una sola cámara porque no hay para dos, que el sol se va y sólo tienes tres minutos para hacer la toma porque no hay manera de pensar en regresar mañana. Es como volverse loco; tienes que funcionar hábilmente, inteligentemente, ser director del barco y hacer que todo el mundo haga su labor y, además, estar en tu diálogo interno.

Lo más difícil es que las dos partes tienen que funcionar eficiente y claramente en el momento en que tú estás haciendo la escena y se está acabando el día de rodaje. Es difícil, porque una parte se pelea con la otra de una manera brutal, una quiere aniquilar a la otra. Cuando quieres hacer películas personales, cuando crees realmente en el lenguaje cinematográfico como una manifestación artística específica y propia, tienes que salvaguardar la parte artística de la maquinaria infernal. Es fundamental poder decir algo que tenga sentido, pero para ello es necesario poder escuchar la razón por la cual tú pensaste esa escena.

Con la práctica, voy formando mi propia manera de contar las cosas, mi propia seguridad interna: esto lo tomo y aquello lo dejo. Es un proceso que me causa muchas inseguridades y problemas. A veces pienso que, a lo mejor, lo que estoy haciendo no tiene caso, o no me está llevando a ningún punto. Hay momentos en que es muy difícil mantener ese compromiso con el desarrollo del lenguaje cinematográfico como arte, especialmente, porque sientes una enorme soledad.

¿Puedes darme detalles concretos de este diálogo contigo misma?

Una de las cosas a las que me aferré en *Lola*, y en la que pienso que tenía razón, es la escena en la playa: cuando Lola está mirando al viejo que se mete al agua y se le baja el calzón. Se me dijo que eso no venía al caso, que narrativamente (en el sentido clásico) no era necesario para la historia. Coincidía, además, con que esta escena era muy complicado filmarla porque no conseguíamos que

nadie aceptara que se le bajara el calzón. Hay tantas mujeres dis-
puestas a quitarse la ropa para una escena sexual..., pero sin
embargo no podíamos encontrar un actor que simplemente jugara
en el agua, se le bajara el calzón y se le viera todo. Ninguno acep-
taba, y menos para un papel pequeñito. Hubo un momento en que
se me decía: "No lo filmes, es muy complicado, ¿qué caso tiene?"
Pero en momentos como éste, creo que es preciso escuchar esa voz
interna tuya que dice: "Sí, tiene caso, sacrifico esto otro", porque
tienes que saber distinguir lo que no debes suprimir por muy loco
que parezca.

Cuando hice *Danzón*, tenía algunas conclusiones de mi trabajo
en *Lola* que seguí modificando. El diálogo conmigo misma fue
mucho más estricto y traté de ser mucho más cuidadosa para poder
distinguir cuándo me iba a permitir digresiones como las del viejito en el mar y cuándo no. Por ejemplo, en *Danzón*, el cambiarle los
nombres a los barcos para filmarlos fue una tortura: había que conseguir el permiso del capitán, permiso del país de origen del barco,
permiso de la capitanía, ¡un trámite pesadísimo! Además, tampoco
teníamos el dinero para pintarlo, filmarlo y volver a pintarlo. Los
productores me trataban de convencer, me decían: "María, filma
los barcos con los nombres que tienen. Mira, se llama bonito, se
llama *Milano*", pero yo decía: "No, tiene que llamarse *Puras ilusio-
nes*, o tiene que llamarse *Amor perdido*. Tienen que llamarse así."
Pero hacia adentro, en esta soledad de la que hablaba antes me preguntaba: "Realmente, ¿tienen que llamarse así los barcos o es que
estoy exagerando?" En este caso me dije: "Pues, es un lío, todo el
mundo tiene que trabajar el triple, los permisos están pesadísimos,
esto va a costar más de lo que estaba considerado, pero los barcos
tienen que llamarse así. Sí, es importante para la historia; no son
barcos normales, estamos en la fantasía de esta mujer."

Cada director trabaja de una manera distinta: unos trabajan primero
con los actores, otros colocan la cámara, etc. Cuando te dispones a rodar
una escena, ¿cómo lo haces tú?

El método tradicional: el hacer una escena y montar la cámara
en función de lo que den los actores no funciona para lo que yo

quiero hacer. Mi tendencia natural ha sido siempre *primero* fijar el movimiento de la cámara y *después* hacer que los actores se ajusten a lo que se va a ver. Para mí, es de vital importancia el lugar donde voy a poner la cámara, es mi angustia principal, es sustancial en lo que estoy contando. No es un proceso que yo pueda explicar racionalmente; ya lo había pensado desde que la escribí, desde que estuve en la locación. Cierro los ojos y veo cómo voy a hacer la escena. La mirada es algo con lo que no se puede estar jugando; para mí, es más importante cómo se mira la historia que la historia misma. Por eso, necesito que se respete la posición de la cámara que tengo pensada de antemano; para que así la emoción de lo que veo con los ojos cerrados aparezca en la pantalla. Consecuentemente, como esa mirada es lo primordial, la sitúo a ella primero y luego subordino la acción. Pero para que no sea castrante que el movimiento de la cámara esté definido de antemano y para que la mirada funcione, es preciso preparar previamente a los actores.

Es muy importante que lo que esté escrito en el guión haya enamorado a los actores de tal manera que estén totalmente metidos en sus personajes. Una vez que el guión y las emociones de los actores están trabajados, se puede ir al rodaje, pero si el trabajo con los actores no está sólido, los personajes se desdibujan y la película lo resiente. Los actores son los que, desde la posición específica que he pensado de antemano, van a darle vida a lo que quiero expresar. Finalmente la vida no está en la posición de la cámara.

La actuación de los personajes, mi manera de encuadrar y mi ritmo son procesos que necesito trabajar separadamente para que se unan en el rodaje. A veces lo he logrado, pero otras veces me ha fallado por varios motivos. Con el fotógrafo americano de *El Jardín del Edén*, por ejemplo, tuve un choque permanente. Él, definitivamente, nunca entendió por qué yo tenía previsto un movimiento de cámara o un encuadre al cual tenía que supeditar la acción. Él estaba convencido de que *primero* había que ver qué iba a hacer el actor y *después* ensayar cómo se movía la cámara. Lo peor de todo es que él nunca consideró que era posible hacerlo de la otra manera. Yo creo que sí es posible, aunque peligroso. Reconozco que en

El Jardín del Edén hubo momentos en los que mi forma de filmar sí se debilitó, pero el problema no venía de mi método, sino de las terribles condiciones de trabajo y el número de personajes e historias. Por eso, voy a seguir trabajando respetando mi manera de mirar, que para mí fue muy clara en *Danzón*, en *Lola* y en *El Jardín del Edén*.

Ya que el trabajo con los actores es tan importante, dime: ¿cómo has trabajado con ellos?

Yo tengo mi manera de hacer *casting* y mis ejercicios que hago en vídeo. Antes de hacer *Lola*, no me importaba que los actores fueran profesionales; me parecía que cualquier gente lo podía hacer. Sin embargo, cuando vi los resultados y me di cuenta —especialmente en el Sundance Institute— de que los actores mexicanos estaban muy mal preparados, me lo comencé a plantear. En México hay muy poca tradición de preparar actores. Muchos actores jóvenes tienen una formación actoral nada más que teatral y les resultaba muy difícil enfrentarse al cine, especialmente al rodaje mismo.

Para hacer *Lola*, yo necesitaba un grupo de actores muy jóvenes, pero, excepto Roberto Sosa —que es actor desde niño y tiene muy buen manejo de la cámara—, los demás no entendían muy bien de qué se trataba el cine. Incluso haciendo un casting, yo no tenía muchas opciones de actores experimentados. En el caso de Ana, la hija de Lola, con mucha más razón. Yo quería una niña que no fuera actriz porque yo había visto que los niños que han trabajado para comerciales o para cine son unos monstruitos; son unos niños muy poco espontáneos, que creen que actuar es como recitar. Para *Lola*, como no había actores experimentados, comencé a prepararlos yo misma a través de juegos con vídeo. Por ejemplo, con Alejandra Vargas, me estuve días enteros grabándola. A veces le pedía cosas muy libres: que hiciera lo que le diera la gana; otras que hiciera cosas específicas. Pero siempre el requisito era que jamás podía ver la cámara: si veía la cámara, perdía. Me di cuenta de que Alejandra era tremenda, porque podía durar horas sin ver a la cámara. Si el juego era no ver a la cámara, pues no la veía y punto. No había ningún problema. No ver a la cámara era también como olvidarse de mi presencia, y lo lograba muy bien. Con ella estuve muchísimo tiempo sacándola en vídeo; iba yo por ella a su casa, la acompañaba mientras comía, me la llevaba a tomar un helado, al metro, al parque.

Después, hice muchas pruebas en vídeo para elegir al resto de los actores, particularmente a Lola. Leticia Huajira, la que iba a hacer el personaje de Lola, era una chava que sólo había hecho teatro. Por eso, le hice muchísimas pruebas, para saber si me iba a causar problemas. Hay gente que de veras no puede con la cámara, le angustia muchísimo. Como las pruebas con Leticia salieron bien, la empecé a juntar con Alejandra. Quería ver si se veían como mamá e hija, porque me choca esa convención del cine de que la madre y la hija no actúan como si se conociesen, pero tú tienes que creerte que están relacionadas. Me las llevé a las dos a tomar helado al parque y vi que, efectivamente, se acoplaban mucho.

Luego hicimos una especie de juego con Mauricio, el que hace el papel de Omar, el papá de Alejandra. Le pusimos a Leticia una panza de embarazada e hicimos varios juegos en vídeo como si estuviéramos esperando que la niña naciera. Jugamos allá fuera en la resbaladiza [tobogán] de la alberca [piscina] improvisamos escenas de cómo se habían relacionado cuando ella estaba embarazada, y saqué muchísimas fotos. Eso me sirvió a mí para irme relajando, para sentirme menos tímida al irlos conociendo, porque yo sí era muy tímida con los actores. Por ejemplo, a Javier Torres —el que hace el papel de Mario, de simpatías—, yo lo había tratado cuando trabajé como asistente, y me cayó muy bien. Pero, a la hora de ser yo la directora, me sentía un poco incómoda. Es un chavo muy agresivo; te reta mucho, más si eres mujer. Con él, me puse a hacer cosas en vídeo de "a ver quién gana", y empezamos a jugar hasta que se relajó la cosa. Gracias al vídeo, aún siendo como es él, de todas maneras muy agresivo, logramos romper la tensión. Todo eso me sirvió y cuando filmamos *Lola* yo me sentía muy cómoda con todos. Con quien no llegué a ese punto fue con Martha Navarro [Chelo], quien hace el papel de mamá de Lola. Aunque es muy linda gente, yo siempre me sentí como si ella fuera una actriz experimentada, que había hecho muchas películas, y yo la novata.

Como el conocer a los actores en *Lola* a través del vídeo me resultó muy útil, lo adopté como método. Sin embargo, en *Danzón* se trataba de un caso distinto. Como eran actores con mucha experiencia, me daba miedo que tuvieran la sensación de que ellos sabían más que yo y que hubiera reticencia a dejarse dirigir. A diferencia de *Lola*, en *Danzón* el juego en vídeo previo y el casting sirvió, no era para que los actores se enfrentaran a la cámara, sino para que yo pudiera enfrentarme a ellos. En el caso de María Rojo, me sirvió muchísimo para conocerla. Fueron meses de ir al Salón Colonia, de grabarla bailando, de ver sus expresiones, su sonrisa, los ángulos de su rostro, sus modos: saber cuándo estaba incómoda, cuándo podía ser espontánea, cuándo algo le molestaba. Conocerla era importante porque ella es una mujer muy inteligente y muy sincera con su trabajo, y si no le gustaba lo que estaba haciendo, se notaba. Hacía exactamente lo que yo decía, pero se le notaba en los ojitos que no le gustaba. Aprendí mucho de este trabajo y me obligó a ser sincera conmigo misma; aprendí a decir: "No, esto está mal, vamos a corregirlo."

En el caso de Tito Vasconcelos [Susy], yo lo conocía y me parecía un actor maravilloso, un tipo muy inteligente. Mi primer contacto con él fue cuando teníamos terminado el guión. Beatriz y yo lo llamamos para que él nos dijera si veía real y respetuoso al travestí. Susy era un personaje muy cómico, muy loco, pero tenía que ser entrañable; no queríamos burlarnos de él. Claro, como nosotras tenemos una sensibilidad diferente, yo pensaba: "¿Será que lo estamos logrando?" Además, curiosamente, siempre había opiniones masculinas muy machistas que decían que el personaje estaba ridiculizado. Incluso después, cuando la crítica de la película apareció, algunos críticos hacían de defensores y decían que la película era un ataque al mundo "gay". Pero, volviendo a la pregunta que le hicimos a Tito, él dijo que Susy era un personaje maravilloso, lindísimo, que hacía falta un personaje así.

Después, cuando lo llamé para el casting, me sentí muy insegura

y pensé que él no se iba a dejar dirigir. Yo tenía miedo. Me imagina-
ba que él ya tenía en sus manos al personaje, que Susy era él mismo
como personaje, lo cual hacía al personaje más lejano a mí, porque
yo no lo conocía. También pensé que por su formación teatral no lo
iba a poder controlar. Fue una torpeza de mi parte no llamarlo. Ya
desde el casting, que fue muy bueno, se veía que tenía una gracia,
una fuerza muy especial, pero no me decidí y empecé la película con
otro. Casi al principio del rodaje hubo una crisis y el otro actor no
funcionó. Inmediatamente, llamé a Tito por teléfono y le pedí perdón. Le dije que fuera al rodaje y él, lindísimo, llegó con su propio
vestuario. Nos preparamos lo más rápido que pudimos. En esta
situación de emergencia me sirvió haber hecho el vídeo antes con él
para que su actuación no fuera improvisada. Él sabía lo que tenía
que hacer, y yo lo conocía. Entonces, digamos, que esta forma de utilizar el vídeo para experimentar y para relacionarme con los actores
escondida detrás de la cámara me sirvió mucho en *Lola* y en *Danzón*.

Una de las pérdidas que yo siento que tuve en *El Jardín del Edén*
fue en cuanto a mi trabajo con los actores. En los Estados Unidos,
hice el casting de René Coleman [Jane] y el de Joseph Cuep
[Frank]. El de Gabriela Villaroel [Serena] lo hice en España. El problema fue que al estar en diferentes países nunca pude ir más allá
del *casting;* no pudimos relacionarnos, y ahí perdí mucho. Especialmente, con el que hacía de hijo de Serena, Alan Ciangherotti
[Julián], no me funcionó para nada. Creo que hubiera ganado
muchísimo si hubiera hecho el trabajo previo en vídeo, porque me
hubiera sentido más cómoda. Yo trabajé mucho con otro chavito,
que era mi primera elección para el personaje, pero ya filmando
me mandaron a Alan, con quien había hecho un *casting*, pero no
trabajado. Me dolió mucho lo que yo perdí en *El Jardín del Edén*
por no tener ese trabajo sólidamente hecho.

El trabajo actoral es muy útil para que los actores se relacionen
y también me es muy útil para saber cómo puedo pedirles las
cosas. Es una preparación que o lo traes al rodaje o no sucede. Es
sumamente importante traer muy trabajado el guión; no hay tiempo de hacer búsqueda o inventar situaciones durante el rodaje. Ni

en el rodaje más placentero, como el de *Danzón*, ni en el más cabrón, como *El Jardín del Edén*, hay tiempo para conocerse.

Ahora di un curso de actuación para cine de una manera totalmente loca, porque yo jamás he estudiado nada relativo a eso. No obstante, lo que sí he hecho ha sido reflexionar mucho sobre cómo un actor ya preparado se ubica en el medio del cine. He logrado ver la cantidad de deficiencias que hay en su formación actoral para enfrentarse al medio cinematográfico, la cantidad de telarañas y miedo que traen en la cabeza, e incluso el ambiente de menosprecio en el que se han formado con respecto al cine. Adoran el cine y se mueren de ganas de hacer cine, pero sus maestros —y grandes maestros de teatro que hay en México— les han dicho: "En el cine, el actor hace trucos, no tiene que actuar." Yo les he explicado que no. El cine requiere otro lenguaje: hay muchos menos engaños, hay técnicas, hay fragmentación, hay que trabajar mucho la sinceridad, hay que manejar la mirada. Este curso me forzó a recapacitar sobre mis propias experiencias con los actores mexicanos, porque con los actores norteamericanos es distinto. Los norteamericanos, a veces, están más formados para cine y televisión que para hacer teatro; la cámara no les causa mayor problema. En cambio en México, sí es un tema importante, porque hay una tradición actoral que hace muchos cortocircuitos con el cine. Esta tradición actoral —que es muy de México y de Latinoamérica, y que la heredamos de España— es muy exagerada, muy melodramática. Para mucha gente en nuestros países, actuar bien consiste en ponerle mucho brío, en decir bien las cosas, y no en actuar con sinceridad y hacer que se pueda creer al personaje. Mientras que el cine latinoamericano y español está lleno de ejemplos de actuaciones muy exageradas, muy pesadas, el cine americano –aun películas muy babosas–, en general, se puede creer lo que se está planteando. Esto es maravilloso para una actuación de cine, porque la convención del cine es creer lo que estás viendo.

Pasemos ahora a otro tema relacionado con la imagen: ¿cuál ha sido tu relación con los fotógrafos?

El fotógrafo de *Lola* y *Danzón*, Rodrigo García, aparte de buen fotógrafo, es un hombre muy sensible y con el que tengo mucha

confianza. En *Lola*, a él le llamaba la atención cuando yo le pedía
que la cámara siguiera a la niña y, como si fuera sus ojos, recorrie-
ra todos sus jueguitos que estaban en el suelo. A él no se le hubiera
ocurrido mover la cámara así, pero a mí me interesaban las mani-
tas de Ana, la carita y cómo se relacionaba con sus juguetes. Yo
daba a estos detalles una valoración diferente a la de ciertas películas de hombres donde, a lo mejor, a los niños les hacen decir
ciertas cosas, pero donde no se presenta lo que los niños sienten.
Yo quería presentar a la niña como creo que las niñas y los niños
son, y a Rodrigo eso le gustaba y lo aceptó.

Hubo casos más difíciles como la escena de *Danzón* en la que
Julia está en su cuarto del hotel con Rubén [Victor Carpinteiro].
Ahí sí que la diferencia en la manera de mirar de Rodrigo y mía
entró como una traba. Le decía a Rodrigo que con la cámara reco-
rriera el cuerpo semidesnudo de un hombre: "Es como si le acari-
ciaras el muslo, la pantorrilla, subieras por su espalda desnuda y
luego regresases a María Rojo." Pero Rodrigo no podía hacer los
movimientos de cámara que le pedía; era como si, efectivamente,
le estuviera pidiendo que lo tocara. Cuando yo me subí en la
cámara y le mostré gráficamente —para que él viera en el monitor
cuál era el movimiento que yo quería hacer—, se moría de risa,
porque era como si casi no lo entendiera. ¡Lo que no podía hacer
era acariciar con la cámara el cuerpo de un hombre!, era una resis-
tencia de su parte. Quería no más estar mirando a María Rojo, pero
no acariciar el cuerpo del muchacho. Esta diferencia se solucionó
porque en nuestra relación de trabajo constantemente lo hemos
verbalizado, lo hemos platicado, e incluso bromeábamos después
de que pasase. Se trata de una manera diferente de mirar pero...,
por supuesto, la manera de mirar que yo quiero es la que me sale
naturalmente.

El caso del fotógrafo de *El Jardín del Edén* era diferente. Mi conflicto principal fue que el fotógrafo norteamericano no entendía
nada de mi método, aunque se lo expliqué antes. Le dije que yo
ponía la cámara y los movimientos, y él lo aceptó verbalmente
pero nunca internamente. Se negaba, no soportaba la idea de que

yo dijera cómo tenía que enfocar la cámara. Para mí eso fue un gran problema, porque si el fotógrafo me cambia el movimiento, la escena no fluye. Yo siento una gran necesidad de proteger esa intuición y emotividad mía que se expresa a través de la posición de la cámara. Aunque soy una gente muy abierta, nunca he sido tolerante ni con el encuadre ni con el movimiento de la cámara. A veces, incluso, no dejo que nadie se acerque a mí cuando estoy poniendo la cámara, tampoco les dejo que me den opiniones como: "¿No estaría mejor la cámara un poquito para acá?"

¿Te hubiera ayudado a encontrar esa mirada que buscas una mujer fotógrafa?

Es posible, pero no lo sé, porque en México simplemente no hay ninguna fotógrafa en 35 mm trabajando industrialmente. Creo que no hay la confianza y no se nos permite hacerlo, ¿o es que las mujeres no podemos usar una cámara o pensar en términos de emulsión?, ¿es que va contra nuestra manera de ser? La discriminación se ha roto bastante respecto a la dirección, que antes también la había, pero continúa en las áreas técnicas de responsabilidad: no hay mujeres sonidistas ni fotógrafas. Hay asistentes, pero no tienen responsabilidad en sus manos. Es verdad que hay razones concretas por las que las mujeres no saben determinadas áreas: por ejemplo, una mujer puede ser más torpe con una cámara que un hombre, porque de niña no tuvo el mecano para jugar o no se la estimuló. Pero puede buscar, exactamente, dónde quedó su falta de habilidad en cierto tipo de desarrollo. Es natural. Es como si a un hombre no se le da cambiar un pañal. No es algo que no logre hacer; a lo mejor es un torpe y efectivamente agarra el bebé y no tiene la menor idea, pero eso se aprende.

¿Cómo se podría solucionar la falta de fotógrafas?

Este tema me lo he planteado en cada momento de mi carrera. En la primera película que hice en 35 mm, yo le pedí a la que había sido la fotógrafa para mis cortos en 16 mm, María Cristina Camús, que hiciera la fotografía. Le insistí, pero ella misma no quiso porque nunca había hecho fotografía en 35 mm y se sentía insegura. Yo hubiera tomado a cualquier mujer que hiciera fotografía en

35 mm, porque pienso que tenemos que crear más oportunidades y que debemos ayudarnos unas a otras. Pero ella no quiso y no había ninguna otra. He pedido siempre a los fotógrafos con los que trabajo que tomen a asistentes mujeres para que se vayan entrenando y participen en un largometraje.

Cuando hice un pequeño corto de cinco minutos que se llama *Otoñal*, ahí sí puse a una mujer fotógrafa que tampoco había fotografiado una ficción. El resultado no fue muy bueno. Era su primera fotografía y era una película muy complicada de fantasmas que requería una cierta habilidad técnica. Le quedó decoroso, pero el mismo productor de los cortos me dijo: "Nunca debiste haber llevado a esta muchacha, debías haber llevado a fulano" y me hizo sentir muy culpable por haber llevado a una mujer fotógrafa. Es un círculo vicioso: las mujeres no nos animamos y si nos animamos es tal la presión y tal la inexperiencia que, efectivamente, no lo podemos hacer bien a la primera. Luego viene la desconfianza y el reproche "Claro, es que no saben." Pero tenemos que seguir hasta romper el círculo vicioso. Estoy orgullosa de que, en la medida en la que puedo, tengo un margen de acción y lucho porque soy consciente de que en la técnica no se nos ha dado la oportunidad de aprender el uso de la tecnología del cine. Es igual que antes, cuando no había confianza para que las mujeres dirigiéramos. En mi primera película, los trabajadores eléctricos me miraban con una cara..., como si fuera un retrasado mental. Para ellos, una mujer dirigiendo es igual a un niño dirigiendo; es como si dijeran: "¿De dónde va a saber ésta? No va a saber mandar, no va a saber exigir." Es verdad que, quizás, era así porque era mi primera película; pero, tal vez, con un hombre no hubieran tenido tal desconfianza. La dirección es un trabajo autoritario y para eso necesitas una cierta energía que se supone que no tenemos. Yo trabajé de asistente de algunos directores aquí en México y mi experiencia fue que son unos gritones, son unos groseros. No querría dar nombres, pero son casi la mayoría de los que conozco de la generación anterior a la mía. Son directores que piden las cosas a gritos, corren a la gente del *set*, maltratan a los actores. Bueno, las cosas efectivamente funcionan, las películas se hacen, pero yo siempre me decía: "No creo que sea la única manera de controlar este asunto de la dirección." Y, efectivamente, he demostrado que no lo era. Yo jamás grito a nadie y, sin embargo, he controlado muy bien las películas que he hecho en tiempo y en presupuesto; he sacado siempre un plan de trabajo; e incluso ha habido un buen clima de trabajo en las filmaciones. Sin embargo, siempre hay gente que cree que tú no sabes dirigir porque no te han visto gritar. A esos tienes que irles demostrando que es otro modo y que, a lo mejor, todos salen ganando con el otro modo. Es mucho más agradable para el rodaje tratar con alguien que hace las cosas, pero que no da de gritos ni de puntapiés, que tratar con alguien que lo hace alardeando de sus cualidades.

Cuando acabaste de hacer el rodaje, ¿sentiste que el impulso que te llevó a hacer tus películas estaba satisfecho?

Cuando está la película terminada, ¿en qué tanto reconozco esa voz interna mía como algo logrado? Creo que tengo varias reacciones, cuando por la noche reviso lo que se ha hecho ese día en el rodaje soy muy severa y me critico muchísimo, me digo: "Mañana no puedo cometer este error" o "¿cómo no me di cuenta de esto?" Claro, en seis u ocho semanas de rodaje, acabo hecha pedazos. Luego, cuando vuelvo a ver ese material proyectado en rochas me digo: "No fue tan malo, me gusta, tiene sentido." Pero si tú me vieras cada noche de rodaje, no soy la misma ni pienso lo mismo de mi trabajo.

El mismo mecanismo se repite con todas las películas. En cuanto acabo la película, me deprimo de una manera brutal, me entra un vértigo y una sensación de que no pude hacer lo que yo quería. Me parece que todo se quedó muy por abajo de lo que yo soñaba... Eso me ha pasado todas las veces, ¡hasta en mis cortos! Por eso, ya no me angustio tanto y me digo: "No, cálmate, a ver cómo la ves en dos semanas." Cuando pasa el tiempo, a veces, de acuerdo a mi voz interna, reconozco que no salió como lo quería hacer. Sin embargo, también me doy cuenta de que en otras ocasiones sí que conseguí lo que yo quería hacer. Entonces sí es muy placentero.

Aunque ubique problemas y aunque a *Danzón* le fue muy bien y a *Lola* y a *El jardín del Edén* no, estoy convencida de que tengo razón en muchas cosas. A lo mejor hasta peco de soberbia, pero me siento segura de lo que hice y me da una enorme satisfacción.

6. DANA ROTBERG

Dana Annie Rotberg Gosnit cuestiona las instituciones, tanto en su vida profesional como en sus películas. Debate el sistema educativo de la escuela de cine, el judicial, el religioso e incluso nociones del imaginario colectivo, como la idea del *affaire*. Rotberg reflexiona sobre los tabúes y critica la hipocresía social. Sus películas son controvertidas y abordan preguntas que la gente no quiere hacerse.

Dana Rotberg nació en 1960, en la ciudad de México, y vivió en un microcosmos judío: se relacionaba con otras familias judías e iba a la escuela hebrea Tarbot. Rotberg empezó dos carreras: música, en la Universidad Veracruzana de Jalapa, y estudios latinoamericanos, en la facultad de Filosofía y Letras de la Universidad Autónoma de México (UNAM), pero no las terminó. En 1982, Rotberg se interesó por el cine y entró en el Centro de Capacitación Cinematográfica (CCC). En el segundo curso, 1983-1984, cursó la asignatura de documental dada por Eduardo Maldonado y para el examen final investigó el caso de Elvira Luz Cruz, una indígena analfabeta que vivía en un asentamiento irregular del D.F. acusada de matar a sus cuatro hijos. Este trabajo escolar, que empezó como un requisito para la clase, se convirtió en un proyecto comunitario. Primero se unió a la empresa otra estudiante, Ana Díez, quien colaboró con sus latas de película que el CCC daba a cada estudiante. Después, Rotberg obtuvo donaciones de película de simpatizantes de Elvira Luz Cruz y el permiso del CCC para revelar el excedente de material en su laboratorio.

Con Díez como asistente, Rotberg entró en contacto con El Comité de Apoyo Elvira Luz Cruz e investigó cuáles habían sido las pruebas que se emplearon para acusarla. En el mediometraje,

Dana Rotberg

Elvira Luz Cruz: pena máxima (1984), Rotberg demuestra que a Luz Cruz la habían considerado culpable antes de juzgarla. Rotberg emplea en defensa de la inocencia de Luz Cruz el testimonio de las vecinas y amigas que formaron el Comité de Apoyo, y la opinión de una psicóloga y una socióloga. Además, objeta la supuesta inocencia del marido, Nicolás, al mostrar una cierta complicidad entre él y su madre, Eduarda. *Elvira Luz Cruz* conmovió al público. Recibió un Ariel, (el máximo premio de la Academia Mexicana de Ciencias y Artes Cinematográficas) al Mejor Documental (1985) y una Diosa de Plata al Mejor Documental (1985), galardón otorgado por la agrupación de Periodistas Cinematográficos Mexicanos (PECIME).

Después del tercer curso, 1984-1985, Rotberg se marchó del CCC sin hacer la tesis de graduación porque prefirió aprender en el oficio. Durante 1985-1989, Rotberg trabajó como asistente de dirección y producción de Felipe Cazals en varios programas de una hora para el canal 13, y así entró en contacto con el cine industrial y con los técnicos del sindicato (STPC).

En 1989, Rotberg tuvo la oportunidad de hacer su primer largometraje de ficción. *Intimidad* (1989) presenta un *affaire* entre Julio, el marido de un matrimonio mayor y Tere, la mujer de otra pareja más joven. A través de un agujero en la pared Julio, un profesor de secundaria con aspiraciones literarias, contempla a Tere, un ama de casa de extrema exuberancia sexual. Su vida se transforma; el agujero trae nueva luz a la habitación y Julio siente renovarse su capacidad creativa. Sin embargo, una vez que este *affaire* queda establecido, la pasión desaparece y la relación se convierte en una pesadilla. Tere reclama que la mantengan como se merece y la situación tiene resultados ridículos. Además de sufrir tensiones emocionales por tener dos familias, Julio tiene que sacar las basuras de ambas. A través del humor, *Intimidad* insinúa que el amor es una ilusión nostálgica que necesita renovarse constantemente.

León Constantiner, el productor de *Intimidad*, financió todos los gastos de producción a través de su casa Producciones Metrópolis, para crear un nuevo producto cinematográfico. Constantiner quería producir un película de alta calidad que entretuviese a la clase media-alta y que, al mismo tiempo, divirtiera a las personas que tienen dificultad en leer los subtítulos en las películas. Con este fin, compró los derechos de *Intimidad*, la exitosa obra de teatro de Hugo Hiriart, y contrató a un equipo novel y dinámico para hacer la película: Rotberg como directora, Leonardo García Tsao para la adaptación del guión al cine y Carlos Marcovich para la fotografía.

Constantiner, que había producido *Intimidad* de una manera independiente, tuvo dificultades para conseguir distribución y exhibición para su película. En la industria cinematográfica mexicana hay dos sistemas de producción que aseguran la distribución y exhibición: el del Estado y el de los productores privados. Constantiner tuvo problemas porque El Instituto Mexicano de Cinematografía (IMCINE) prefería distribuir las películas que él mismo producía, y los productores privados distribuían y exhibían un producto fílmico distinto. Además, Constantiner encontró problemas fiscales con *Intimidad*: se vio obligado a pagar impuestos sobre la inversión inicial, 450.000 dólares, aun a pesar de no haber recuperado ninguna parte de ésta. Como resultado, Constantiner tuvo que vender Metrópolis y establecer su productora en Nueva York, donde los impuestos se pagaban sobre la recuperación. *Intimidad* fue a varios festivales: el Festival de San Sebastián (1989); el Ciclo de Cine Joven Mexicano en Berlín (1990); el Festival de Cine Sundance en Estados Unidos (1990); el Festival Internacional de Tokio (1991); y la Muestra de Guadalajara (1991). En España ganó el premio Don Quijote a la Mejor Película del año en el Festival Internacional de Asociaciones de Cine (1990).

En *Ángel de fuego* (1991), su segundo largometraje, Rotberg crea una fábula sobre el tema de la religión. En el circo Fantasía, la trapecista de trece años, Alma, tiene relaciones incestuosas con su padre, el payaso Renato, quien muere al principio. Alma, embarazada de su padre y sin el apoyo de éste, se ve obligada a marcharse del circo. Se une a un grupo de titiriteros que hacen representaciones sobre pasajes bíblicos y cuyo líder es la sacerdotisa Refugio.

Horrorizada por las relaciones incestuosas de Alma, Refugio promete "limpiarla" a través del sacrificio y del ayuno. Alma ayuna,
pero la falta de comida hace que pierda a su hijo, la gran ilusión de
su vida. Alma decide vengarse, usando para ello al hijo de Refugio,
Sacramento. Refugio había preparado a Sacramento para ser su
sucesor; sin embargo, para poder sucederla, Sacramento debía ser
célibe. Alma seduce a Sacramento y, perdida su virginidad, éste se
suicida. Después de su venganza, Alma vuelve al circo Fantasía y
se suicida, quemando el circo con ella dentro.

El guión fue escrito entre Omar Alain Rodríguez y la propia
directora. *Ángel de fuego* se produjo dentro del circuito estatal, con
financiación del IMCINE y el Fondo de Fomento a la Calidad
Cinematográfica (FFCC), pero Constantiner y Rotberg también
contribuyeron. Constantiner invirtió a través de Producciones
Metrópolis y Rotberg a través de su propia casa productora, Una
Productora Más. *Ángel de fuego* se exhibió en setenta festivales,
entre ellos destacan: El Festival Internacional de Londres (1992);
el Festival Internacional de Tokio (1992); el Festival Internacional
de Toronto (1992); el Festival del Sundance en Estados Unidos
(1993); y el Festival Internacional de Cine de Sidney (1993). Esta
película tan controvertida fue bien acogida en el Festival Internacional de Cannes, en su Quincena de Realizadores (1992); y fue
nominada para 17 Arieles en México. Ganó el premio a la Mejor
Película Hispanoamericana de la Asociación de Cronistas de
Espectáculos (ACE), que pertenece al Festival Latino de Nueva
York (1993).

FILMOGRAFÍA

1984: *Elvira Luz Cruz: pena máxima*
        pr: Centro de Capacitación Cinematográfica; d: Dana Rot-
        berg, Ana Díez Díaz; g: Dana Rotberg, Ana Díez Díaz; f:
        Eduardo Herrera; ed: Dana Rotberg, Ana Diez Díaz; s: Juan
        Pablo Villaseñor; du: 46 min. Color.

1989: *Intimidad.*
    pr: Producciones Metrópolis, S.A. de C.V.; d: Dana Rotberg;
    g: Leonardo García Tsao; es: Hugo Hiriart; f: Carlos Marco-
    vich; ed: Oscar Figueroa; m: Gerardo Batiz; p: Emilio Eche-
    verría (Luis), Lisa Owen (Tere), Ángeles González (Marta),
    Álvaro Guerrero (Pedro), Juan José Nebreda (Tony), Ana
    Ofelia Murguía (Madre Quintanilla); du: 100 min. Color.
1991: *Ángel de Fuego.*
    pr: Instituto Mexicano de Cinematografía, Producciones
    Metrópolis, S. A., Fondo de Fomento a la Calidad Cinemato-
    gráfica, Otra Productora Más, S. A. de C. V.; d: Dana Rot-
    berg; g: Dana Rotberg, Omar Alain Rodrigo; f: Toni Kuhn;
    ed: Sigfrido Barjau; m: Ariel Guzik; s: Nerio Barberis; p:
    Evangelina Sosa (Alma), Lilia Aragón (Refugio), Roberto
    Sosa (Sacramento), Noé Montealegre (Noé), Mercedes Pas-
    cual (Josefina), Alejandro Parodi (Renato), Salvador Sánchez
    (Rito), Farnesio de Bernal (Lidio), Marta Aura (Marta), Gina
    Moret (Malena); du: 90 min. Color.

"A MALENA, YO NO LA JUZGO"

En una de tus entrevistas dices que decidiste hacer Elvira Luz Cruz
(1984) *porque leíste en el periódico que una madre había matado a sus
cuatro hijos. ¿Qué fue lo que te interesó?*

Mira, en principio no era una cosa racional; cuando leí la noticia de esa mujer fue una cosa más que nada visceral. Había un
golpe brutal a mi persona; no alcanzaba a imaginar en qué circunstancias podía haber sucedido una tragedia de esa dimensión.
Antes de conocer la historia de Elvira concretamente, antes de
investigar y de hacer todo el trabajo de preparación, yo tenía la
idea de que podía recuperar a través de ella una especie de Medea
mexicana contemporánea. Una vez empezando a investigar,
encontré muchísimas cosas más. Antes de tocar la cámara hicimos
un año de investigación y encontré otra historia que alteraba abso-

lutamente la preconcepción que yo tenía a través de los medios de comunicación. Me cambió mucho encontrar la verdadera historia. Bueno, la verdadera historia es imposible saberla, me refiero a la historia que yo era capaz de discernir a través de la información que recibía de Elvira y de la muerte de sus hijos. Me interesaba muchísimo un acto tan extremo, tan definitivo, tan absoluto, tan trágico —en el sentido clásico de la palabra. Sin embargo me interesaba infinitamente más ella como ser humano que todas las circunstancias que la rodeaban; me interesaba indagar a Elvira más que al crimen o las condiciones alrededor de ella. Me daba una gran curiosidad y me golpeaba mucho una mujer que hubiese matado a sus hijos.

¿Y qué es lo que te llamaba la atención de que hubiese matado a sus hijos?

Que es un acto absolutamente extremo. Me interesaba indagar qué pasa en una mujer para que decida matar a sus hijos. Yo en esa época no tenía hijos ni tenía la más remota idea de lo que podía significar la maternidad en el sentido más primario. Aun así, el simple hecho de matar, no importa a quién, debe ser toda una dimensión de vida muy específica, muy terrible. De hecho, ha pasado lo mismo en todo el trabajo que he hecho; más que una teoría que quisiera confirmar en el cine, mi trabajo siempre ha sido una propuesta de indagación. A fin de cuentas, lo que me parece más fascinante del proceso de una película, sea ficción o sea documental, es que es un proceso de indagación a través del cual descubres. Eso es lo que tiene que quedar en la pantalla, no tanto tu opinión ni tu percepción de las cosas.

Y ¿cuál fue el resultado de tu indagación sobre Elvira, cuáles fueron sus motivos?

Mira, el resultado de la indagación es infinitamente más complejo que el acto mismo de matar, evidentemente. A través del proceso de investigación, filmación y montaje aprendí que la verdad objetiva absoluta no existe. Nunca vamos a saber quién mató a esos niños. Yo creo que Elvira no los mató, pero nunca lo voy a saber. También entendí que eso no era lo importante; lo importante era

ver a este sujeto en unas condiciones emocionales, sociales y económicas muy específicas, a través de las cuales ella —haya cometi-
do el asesinato o no— es de hecho la primera víctima de la historia.
El hecho de matar a los hijos no es un acto ni remotamente heroico,
no llega ni siquiera a ser un antihéroe. Es una profundísima tragedia encajada, en principio, en Elvira como ser humano. ¡Las condiciones en las que esa mujer vivía! Ella era la primera asesinada: era
una mujer indígena, analfabeta y madre soltera de su primer hijo.
Una serie de circunstancias que en México te condenan, de entrada, a la muerte. En el caso específico de Elvira, en caso de que ella
hubiera matado a los niños, fue un acto profundamente maternal y
un acto de supervivencia animal. ¡Eso es lo terrible!, reducir a un
sujeto a su condición más primitiva, arrancarle todas sus dimen-
siones humanas, sociales, afectivas y reducirlo a un animal salvaje
y desesperado. Es muy complicado elaborar alrededor de Elvira
porque no sabemos si ella mató a los niños o no.

*Dime, ¿por qué piensas que matar a tus propios hijos puede ser un
acto de sobrevivencia?*

Mira, cuando tú ves las condiciones en las que esta gente vivía,
no sólo las económicas, sino también las emocionales, laborales,
sociales, etc. Cuando tú tienes a cuatro niños berreando 24 horas,
48 horas, una semana, sin mecanismo alguno para poder satisfacer
la necesidad más elemental, que es alimentarse, debe de ser profundamente doloroso. En las autopsias se descubrió que esos
niños no tenían nada en la barriga, no habían tenido qué comer en
cuatro días. Esto, creo yo, es el punto último de toda una secuela
de privaciones muy extremas que lleva Elvira con sus hijos. Puedo
llegar a entender que, en el caso de que ella los hubiera matado
como un acto amoroso, porque esos niños tenían hambre, punto y
se acabó. Sería un acto tan amoroso, tan femenino y tan maternal
como es parir. Además de que eran niños golpeados, de que Elvira
era una mujer golpeada, de que eran los más marginados de los
marginados. Tenían una serie de condiciones alrededor de esta
situación extrema que es el hambre, que yo puedo comprender
que una madre diga: "Estos niños no, no pueden." No hay un

nivel racional; no podemos leer la historia de Elvira en términos racionales. Hay una lectura social muy específica, de condiciones económicas, de condiciones étnicas, de condiciones emocionales de familia, que no lo puedes desmenuzar a través de una lectura racional de las cosas, porque es un acto irracional. Es un acto irracional, pero que puedes llegar a comprender desde las entrañas, desde el estómago, desde el alma, ¿no?

Ahora, es complicado elaborar acerca de Elvira porque estamos en el supuesto de todo: en el supuesto de que ella hubiese matado a los niños. Yo, después de haber trabajado ese proyecto casi tres años, y aun con el tiempo que ha pasado, yo no creo que ella matara a los niños. Yo creo que los mató su marido pero, por las mismas condiciones sociológicas del país en el que vivo, lo más sencillo era acusarla a ella. El sistema judicial mexicano es la vergüenza más abyecta. En una ocasión anterior permite que a Elvira la depositen en un ministerio público, golpeada, semiconsciente y que, además de golpeada, como su marido es expolicía, la metan en la cárcel. Aunque la señora no sabe leer, igual la hacen firmar. La investigación de la defensa es otro ejemplo: pone sobre la mesa una serie de indicios que nos llevan a la *posible* conclusión de que no es ella la que mata a los niños. Y no sólo eso, la situación es infinitamente más terrible e infinitamente más compleja, porque no sólo está acusada de asesinar a los hijos, además está en pleno duelo de pérdida y en la cárcel. Desde una perspectiva contemporánea, pasados los años, lo más terrible es que Elvira tiene mejores condiciones de vida en la cárcel de las que tenía antes. Eso, contando con que las condiciones de vida en la cárcel mexicana en general y en la cárcel de mujeres en especial son muy malas. ¿Cómo vivía ella antes para que la cárcel haya sido un espacio mejor: un lugar en el que ella aprende a leer, se arregla los dientes, empieza a trabajar? ¿Cómo es posible que tenga elementos de reinserción social en un sistema penal que ni siquiera prevé la reinserción social? En un principio, cuando yo leí la noticia, intuía que había una historia fundamental para ser indagada. Yo podría haber tenido mis ideas de que era la Medea de finales de siglo en

México, etc., pero, a fin de cuentas, era simplemente una puerta abierta para bajar a los infiernos mexicanos.

Pasemos ahora a tu primer largometraje, Intimidad *(1989). Dices en una entrevista con Eduardo de la Vega que fue difícil adaptar la obra al cine, ¿cuáles fueron los problemas?*

Mira, la obra *Intimidad,* como obra de teatro, yo creo que es una obra brillante, realmente brillante. Es una propuesta escénica muy brillante, pero no es un material, en principio, adaptable al cine. Funciona en términos de lenguaje teatral perfectamente, pero sabemos que en la elaboración de la historia cinematográfica el lenguaje requiere de otros elementos para poderse llevar a cabo. La obra de teatro no está desarrollada en términos de lenguaje cinematográfico: en la obra sólo tienes dos parejas en una cama y los diálogos. Esos diálogos encierran inmensas historias; ahora, son historias que están encerradas y que cuentan con que el espectador teatral las asuma. En cine no asumes esas cosas, las tienes que abrir como la cola de un pavo real y tienes que mostrar todos esos pequeños elementos que van a conformar a esos personajes que en el teatro vemos sentados en cada orilla de la cama. Claro, evidentemente, en el momento en que me proponen a mí adaptar eso, yo sé que tengo que tener una inmensa serie de licencias narrativas, de personaje, de tiempo, de circunstancia. Tengo que desarrollar estos detalles para que el concepto que se deriva de la puesta en escena y de la obra teatral puedan llegarse a traducir y ser legibles en el lenguaje de cine, en la pantalla y por el público *de cine*. Era una tarea muy complicada porque no es una obra que yo haya escrito para teatro. Si así fuera, podría decir: "Yo, como autor, éste es el lenguaje que escojo para el espacio escénico teatral y éste es el espacio que yo escojo para la traducción al cine." Entonces, había dos opciones: que Hugo Hiriart hiciera la adaptación o que la hiciera otra persona. Eso fue una decisión de producción en la que yo, realmente, no estuve involucrada. Una vez adquiridos los derechos sobre la obra, el productor decide —con su derecho— llamar al guionista que considera que le conviene. Ahí, la tarea era tratar de identificar y recuperar los elementos cerrados que hay en la obra de teatro y detonarlos: abrirlos y hacerles una historia narrativa lineal, con el tiempo de cine, para que ese concepto teatral pudiera expresarse. Evidentemente, es un trabajo complejísimo porque el lenguaje teatral tan particular que escoge Hugo Hiriart en *Intimidad* requiere crear historias a todos los personajes y ubicarlos en un contexto específico, ya que en la obra de teatro sólo hay una cama. Mi intención era recuperar los conceptos que maneja Hugo Hiriart, que son agudos, son ácidos en términos de la pareja, y traducirlos en la manera en la que yo consideraba adecuado, al lenguaje cinematográfico. Yo siento que el espíritu de la propuesta de Hugo Hiriart se mantuvo en la película. No podemos esperar jamás que fuera una adaptación textual, porque entonces estaríamos haciendo o la filmación de la obra de teatro o no experimentaríamos. Ninguno de esos dos casos era lo que se me solicitaba hacer como director.

Vuestras dos versiones de Intimidad *hablan sobre la intimidad de la pareja. ¿Crees que ambos tenéis diferentes ideas sobre la identidad de la pareja o las mismas?*

Creo que las dos obras, por la complejidad de la adaptación y por otra serie de elementos, no son comparables. Si tú comparas *Trono de sangre* y Shakespeare, evidentemente hay elementos de adaptación muy precisos, pero son dos universos distintos también. Lo que sí traté siempre —con o sin éxito no me corresponde a mí juzgarlo— fue respetar y seguir la propuesta de Hugo Hiriart. Yo, como lectora y espectadora de la obra de teatro, tengo una total identificación con la propuesta de Hugo Hiriart; si no, ni siquiera hubiera aceptado el proyecto. Sin embargo, yo soy otro sujeto y tengo también mi concepción de la vida de pareja, lo cual también está impreso en la propuesta cinematográfica de la película. Hay otra condición aquí fundamental que es la experiencia profesional y la experiencia de vida. Evidentemente, Hugo Hiriart tiene una experiencia de vida infinitamente mayor que la mía. Por lo pronto, en el momento en que yo estaba haciendo *Intimidad*, él tenía una experiencia de vida con respecto a la pareja y a la intimidad de la pareja mucho más grande que la mía. Yo tenía 27 años, ya había tenido muchos novios, muy bonitos y todo, pero a fin de cuentas yo no tenía esa experiencia ni conocimiento de pareja. Creo que la experiencia de vida íntima, a la larga, te da —o te debiera dar— una gran sabiduría. Quizás, en el punto en el que está la obra de teatro hay esa sabiduría de piel cotidiana, más un talento que le permite ponerlo en una obra. Igual por ahí se me fueron en banda muchísimos datos de vida que puede manejar Hiriart y que yo no alcanzo o no los alcanzaba a vislumbrar. Creo que eso no es una crítica negativa con respecto a mi trabajo, es un hecho. También es verdad que la película puede tener muchísimas cosas de más frescura, quizás por mi propia falta de experiencia de vida íntima o simplemente por una experiencia distinta de vida íntima, que le dan otras características a esa película.

Yo hace mucho, mucho tiempo que no veo *Intimidad*. Personalmente, para mí fue una experiencia muy, muy difícil, porque la comedia no es un género que manejo. Y ésa era una de las cosas que en principio le dije a León Constantiner, el productor, que iba a emplear. Le dije: "Si tú escoges *Intimidad* como materia para trabajar, la única manera en la que yo puedo acercarme a la intimidad de la pareja es a través de la comedia, porque de una manera solemne no puedo."

Tengo una duda sobre Intimidad *que me gustaría que contestases: ¿estás jugando un poco con el género de películas porno?*

En la película *Intimidad*, no. Si eso está allí, es completamente inconsciente. Sí, quería hacer una cosa desenfadada; no quería hacer una cosa solemne, pesada, elegante en términos del erotismo.

¿Por qué?

Simplemente porque yo no veo así las cosas. En todos estos encuentros extramaritales de *Intimidad*, que son muy emocionantes y cargados de romanticismo y de aventura, hay una cosa que podría leerse como muy vulgar, muy cotidiana, muy elemental. Hay actos a los que uno cubre de esta pátina fantástica de erotismo de revista. Por ejemplo, uno fantasea: "El día que yo me vaya a encontrar en el hotel con ese amante maravilloso que tengo voy a llevar las pantuflas supersexys y mi mejor ropa interior." Pero resulta que, ese día, la máquina de lavar se te descompuso, tus calzones más bonitos se quemaron y te tienes que poner otros. Hay una serie de elementos que se te atraviesan en la vida y que la hacen vulgar; no en términos groseros, sino más bien como cotidiano normal.

En *Intimidad*, las escenas sexuales no son eróticas sino más bien sexuales, porque eso es lo que los dos personajes quieren: *coger*. No hay un mundo erótico; no hay una elaboración de que tú y que yo, porque uno está casado con una gárgola —con quien no coge hace no sé cuánto— y la otra está casada con un moco. Así lo veía yo, y disfruté mucho el abordar la sexualidad de los personajes en este sentido. Es curioso que me preguntes si juego con el género porno porque a partir de *Intimidad* quizás, sin darme cuenta, siempre he tenido ganas de hacer una película porno. Cuando voy al cine y veo en las películas "buenas" esas escenas de sexo, pienso: "A lo mejor, no más los actores cogen así, porque lo que a mí me ha tocado..." Hay una cosa mucho menos "brillosita", no los suspiros que se pueden volver un son de música. Es mucho más animal; es mucho menos racional, elaborado, elegante. Hay muy pocas películas en las que me crea que los personajes pueden vivir así sus escenas eróticas y también que surtan un efecto erótico en mi propia persona. Hay una manera de abordar el sexo en el cine extraordinariamente artificial que la hace lejanísima de la experiencia cotidiana que tenemos los seres humanos de aquí abajo del piso. Ahora, no quiero decir con esto que no haya encuentros en que te vayas al cielo y flotes por las nubes, sí hay. Lo que quiero decir es que la calidad del encuentro sexual no necesariamente tiene que ver con la forma, y la forma que yo encuentro en el cine es profundamente artificial. En ese momento, con todo el susto que tenía —porque me moría del susto con toda la película—, traté de seguir ese desenfado, de quitarle esta cosa claro-oscuro-"brillosita" de los encuentros sexuales. Por eso, los cuartos donde estos personajes hacen el amor son los mas pinches del mundo: verde pistacho y con una cama espantosa. ¡Pero es que así son los hoteles de paso en la ciudad de México!

*La escena que más me llamó la atención es una de las primeras, cuan-
do Tere [Lisa Owen] está con su marido Pedro [Álvaro Guerrero] e intenta seducirle, pero él viene muy cansado del trabajo y no la quiere hacer
caso.*

Curiosamente, es una de las escenas que, con respecto al público femenino y masculino, tiene un efecto increíblemente erótico.
Eso es lo que yo percibo del público, porque todo el mundo dice:
"¡Pero que culo más glorioso tiene esta mujer!" Ahora te puedo
decir que en parte se trataba de que yo quería hacer las escenas de
sexo menos artificiales y también era debido a mi inexperiencia. A
lo mejor, yo tendría que haber puesto otro lente en esa cámara para
no tener tamaño... Era la primera vez que me quitaba mis anteojos
y me ponía la cámara en los ojos. Trabajé muchísimos años de
asistente y apuntaba qué lente usaban y luego lo veía en roches.
Una cosa era eso y otra era decir: "Yo, para esta escena que tengo
en mi cabeza y que la estoy conformando aquí, con todo mi equipo, quiero este lente. A ver cómo se ve." Hay una gran distancia
entre la experiencia como espectador o como asistente y la experiencia de aprender a ver con los lentes de la cámara. Y sólo aprendes a ver a través de la experimentación.

A mí me encanta esa secuencia. Yo generalmente me paro atrás
en las salas de cine y cuando lo hice en *Intimidad* vi que en esa
secuencia todo el mundo se meneaba. Me acuerdo de que cuando
pasaron la película en el Festival de Berlín, se me fueron al cuello
todas las feministas alemanas, que son ¡cabronas! Decían que por
qué había yo hecho una película en la que los personajes femeninos... Yo decía: "Carajo, los personajes femeninos en el mundo no
los inventé yo. Sí hay mujeres gárgolas, sí hay mujeres que se quieren coger al vecino." Que no es como debería ser, pues a lo mejor
no, pero existe. El hecho de que no queramos que existan no quiere decir que no existan. Esa era la intención con toda la película,
incluyendo las escenas eróticas: quería hacer las cosas menos artificiales, aun con todos los errores en que se pudiera derivar.

*Háblame más sobre el personaje de Tere, ¿cómo lo ves tú?, ¿crees que
es ingenua o que es demasiado lista?*

Quiero que sea las dos cosas, como todos en la vida. Tiene cosas muy ingenuas, muy infantiles, muy románticas, pero también la chava dice: "Bueno, pues yo tengo que seguir, porque si aquí los señores no me dan la altura, yo voy para adelante y el que se quede en el camino, ¡con la pena!" De haber hecho un personaje exclusivamente ingenuo o un personaje exclusivamente cabrón, cínico, utilitario, ni siquiera me harías la pregunta. Yo creo que en Tere hay los dos niveles. Al principio, tiene ilusión con respecto a su marido, pero es una ilusión que se va desgastando y cayendo día a día. De repente, surge la posibilidad de entablar una relación con un vecino atractivo, Julio [Emilio Echeverría], y ella no la deja pasar. Ahora, también es una mujer que, cuando ve que la vida práctica que busca no se va a dar —porque el marido le quita la casa y le desmontan su departamento—, dice: "Pues vámonos a Hawai. Y ahí se ven todos ustedes." Toda la intención de la película era desenfadada. También es verdad que tenía un gravísimo problema en contra mía: que la comedia es un género muy complicado, lo cual se juntaba con una inmensa falta de experiencia mía porque era mi primera película.

En cuanto a Ángel de Fuego, *tu segundo largometraje (1992), Pérez Turrent decía que el público nunca se puede llegar a identificar con la protagonista, Alma [Evangelina Sosa]. ¿Qué puedes decirme sobre eso?*

Mira, es muy difícil llegar a identificarse con Alma porque es una niña que vive en un circo, que tiene una relación amorosa y sexual con Renato [Alejandro Parodi], su papá, de la cual queda embarazada. Alma es un personaje que vive una situación muy extrema, y el común de la gente no se pueda identificar con los elementos narrativos de la historia. En ese sentido estoy de acuerdo. Por otro lado, mi intención no era que el público se identificara con los personajes en ese sentido. Estaba buscando que el público se identificara con cómo suceden las cosas, con cómo un personaje que transgrede leyes —sean las leyes que sean, las de Dios o las de los hombres— inevitablemente va a estar condenado al sacrificio. No buscaba la identificación a través de un personaje específico ni a través de la acción concreta que le sucede a ese personaje. Esto supondría que yo tendría que contar con que el 99 por ciento de mi público ha tenido una experiencia incestuosa, lo cual afortunadamente no sucede.

Yo estaba pensando, quizás, lo contrario: que el incesto lo usaste para que el público no llegase a identificarse con Alma, que tú lo que necesitabas es que no se pudieran identificar con ella.

Yo no lo planeé en ese sentido; yo tenía planeado construir mi historia a partir de elementos muy precisos de construcción dramática, no llevar a la pantalla la idea del sacrificio. Déjame que te cuente cómo surgió la película. El día que me cayó el veinte de que iba yo a hacer esa película —porque no existía ni siquiera el guión— estaba yo en Calzada de Tlalpan, a las dos de la mañana, en una cafetería miserable. A esa hora hay muchísima gente caminando, y vi pasar a un señor con una cara de fatiga infinita, con los hombros caídos. Realmente era una imagen profundamente triste que me hizo pensar en lo que le había podido pasar a ese hombre. Se me ocurrió que este señor se había levantado ese día a las tres de la mañana para tomar diecinueve camiones, había ido a trabajar a un trabajo que le daba apenas para mal vivir, con lo que no podía ni comprar zapatos ni comprar comida ni pagarle las escuelas a sus hijos ni nada. Ese trabajo simplemente le reducía a su condición más animal y más primitiva. Y ahí iba, a las dos de la mañana, de regreso. Día tras día, día tras día, ¿para qué? Simplemente para sobrevivir en la condición animal. Y, a fin de cuentas, ¿quiénes son los sacrificados de la historia? Toda esa gente. Todo eso, ya elaborado verbalmente, suena como una gran pendejada, pero fue una emoción que se derivaba del rostro de un señor que iba caminando a esas horas. Esa emoción había que elaborarla, que traducirla en un cuento. Ahí empezaron a jugar, infinitamente más, otros elementos.

Posiblemente, como tú dices, el hecho de que la gente no se identifique, venga a partir del incesto, que les da la distancia para leer la otra historia. Ésa es una elaboración teórica que yo no maquino en mi cabeza. Yo cuento el cuento, y a otros les toca descubrir la maquinaria que hay detrás de ese cuento. Sin embargo, así como el incesto puede ser un elemento que avienta al público para atrás, la maternidad es otro que lo acerca. No hay mujer que haya tenido un hijo que no sienta una inmensa identificación con esa niña. Eso es una maravilla, porque logras que el espectador se quite de la cabeza el prejuicio contra el incesto y recupere la experiencia maternal del embarazo que tiene Alma. Al lograr identificar al público con la maternidad, lo ayudas a que se quite cochambre de encima y recupere emociones fundamentales y diga: "Esta niña quiere a su niño, quiere a su bebé, déjenla en paz. ¡Que lo tenga!" En ese sentido, creo que *Ángel de Fuego*, juega muchísimo con la mente del espectador, con sus sensaciones, con la cultura, con los prejuicios. De alguna manera te va quitando y poniendo capas que te sensibilizan o no te sensibilizan.

Acabas de hablar de la tensión que se crea entre el incesto y la maternidad, y me gustaría que hablases de las madres que hay en Ángel de Fuego, *empezando por Malena [Gina Moret].*

Yo lo que trato, y lo que traté de hacer en esa película, es no juzgar. Lo mismo pasa con *Intimidad*; yo no los juzgo: si la señora es una gárgola, es una gárgola y así es. A Malena, yo no la juzgo. Es una señora que en ese mundo no encuentra lo que ella necesita: tener una mejor vida y quizás una mejor pareja; por eso, el circo es el circo más pinche del mundo. Si el circo fuera un circo bonito, brillante, donde Malena pudiera atravesar con un trapecio el cielo y que le aplaudiera la gente, entonces el hecho de que ella dejara ese circo sí la condenaría. Pero ese circo es el pinche agujero más miserable que puede haber y ella se tiene que salvar. Para salvarse se va, pero cometió un gravísimo error que es dejar a su hija allá dentro y no llevársela con ella. Ese error lo paga cuando su hija le dice: "Yo no quiero nada contigo. Me dejaste, ahorita ¿qué vienes a buscar?" Es un personaje que se va y que, al principio de la película, trata de regresar a buscar a la niña, pero ya es muy tarde. El dueño del circo le dice a Malena que ni se acerque, porque Alma es la joya preciosa de ese circo, la que vuela por los cielos, la única atracción que tiene este circo ya muerto. Alma hace lo que Malena no quiso; Malena dejó la profesión de figura del circo y Alma la heredó. Malena es una madre que, por salvarse, pierde a su hija y se condena.

Pasemos a Refugio [Lilia Aragón], la madre de Sacramento. ¿Puede Refugio sentir placer?

Sí, Refugio tiene un placer místico constante —a mi juicio posiblemente enfermo—, pero claro que tiene placer. Creo que es una mujer que sí cree lo que predica; por ejemplo, cuando están en la fila del libro del perdón, sí está habitando el placer místico de su propuesta.

¿Y placer erótico?, o ¿negación del placer erótico?

Yo creo que lo tiene absolutamente negado. Nosotros, cuando estábamos haciendo la configuración del personaje, pensamos que Refugio tenía la misma historia que Alma; no necesariamente en términos de incesto, pero sí en términos de madre soltera, con toda la vergüenza y el señalamiento que eso lleva. Quizás, a partir de esa vergüenza, para limpiarla, agarra esa ansia de misticismo y purificación. Déjame que te diga dos de las posibilidades que manejé como antecedentes del personaje cuando escribíamos el guión. Quizás, el señor que embarazó a Refugio era el cura de su pueblo, esa opción tiene infinitas posibilidades. Lo que sí te puedo decir es que no es una señora de clase media que se casó enamorada, que tuvo un hijo enamorada y que un día se le prendió el foco y dijo: "Voy a hacer títeres para llevar la palabra de Dios." Hay una historia previa de este personaje mucho más marginal. Imagínate otro caso: ella viene del estado de Guanajuato —un estado católico— y se enamora de un hombre. Se acuesta con él o se escapa con él —contra todo lo que significa su comunidad familiar, emocional, social—, ella se embaraza y el tipo la deja. Ella tiene que buscar la reinserción en ese mundo del bien en el que ella creció, pero ya desde afuera. Por eso se inventa esta religión.

Hay infinitas posibilidades de elucubrar con el personaje de Refugio, pero eso le toca al espectador. Déjale la bomba en las manos, que la abra, la investigue y que indague cómo ha podido Refugio llegar al estado en el que la encontramos a través de su historia, de su referencia, de su conocimiento.

¿Cómo se traduce esta idea del personaje de Remedios en términos cinematográficos?

Evidentemente, mi manera de narrar es mucho más codificada que la que estamos acostumbrados a ver en el cine norteamericano. En el cine de Hollywood se te dan todos y cada uno de los elementos para que tú puedas desmenuzar, entender, acomodar y etiquetar a todos los personajes: qué hacen y qué les sucede. En el caso de *Ángel de fuego* es mucho más codificado y le toca al espectador decodificar esa información. Ahora, no hay una que sea la buena, y eso es lo que hace que la película esté siempre viva. Cada espectador —a partir de su cultura, de su historia, de sus ideas— va a tener elementos para elaborar una historia para Refugio, que en ese sentido sí es la más secreta. A fin de cuentas, a Malena la puedes leer; es más común. En cambio, Refugio es un personaje más misterioso porque puede tener infinitas historias. Lo único que podemos saber es que no es una historia común en la que el placer sea una vivencia permisiva. Evidentemente, fue un acto condenado, del cual derivó su hijo Sacramento [Roberto Sosa] y por el cual ella se pone la tarea de redimirse y redimir a todos. Esta redención es un mecanismo bastante común en todas las religiones; de repente, los curas que violan niños son los curas más estrictos consigo mismos y con los otros. Creo que Refugio ama maternalmente a su hijo. Sí lo quiere y sí cree, auténtica y amorosamente, que su hijo va a ser el continuador de esta tarea evangelista o redentora; sin embargo, comete el terrible error de cualquiera que pretende imponer un proyecto al otro: el otro tiene una voluntad y al negarle su voluntad, lo va a sacrificar. Ahora, la intención original de Refugio es buena; ella no es una cabrona, maldita, maquiavélica. Ella sí cree que su hijo va a ser santo, va a ser puro, va a continuar con esto y por eso hay que cuidarlo y protegerlo. Pero, a fin de cuentas, sucede lo mismo que con cualquier imposición totalitaria sobre el otro, sea religiosa, sea ideológica, sea en términos del sistema económico o educativo. En cuanto tú impones totalitariamente una idea en el otro, lo cancelas y lo sacrificas, y también te condenas a ti mismo.

Nuevamente, si vamos al asunto de la identificación, en ese sentido vuelve a surtir efecto la película. A lo mejor, el público no se identifica con los actos específicos que Refugio hace, pero sí es capaz de leer que Refugio representa esos sistemas totalitarios que se imponen sobre el otro cancelándolo y que necesariamente llevan a fines trágicos, ya sea en términos individuales, sociales o políticos.

Tu explicación me lleva a otra pregunta que te quería hacer: ¿Podrías hablar de la pérdida de la virginidad de Sacramento?

Sacramento, a través de ejercer el acto prohibido por su madre, a través de la sexualidad, recupera su condición humana, pero también se condena a sí mismo. En el momento en el que es hombre, que ya no va a ser santo, en ese momento, se acabó todo para él. Es un doble círculo. En uno de los círculos, Refugio le está imponiendo a Sacramento un destino ajeno, lo está condenando. En el otro, si Sacramento recupera su condición de hombre también se está condenando, porque ya tiene encima esa carga brutal que es su condición humana. O eres santo o no lo eres. Ahora, para no ser santo, tienes que ser hombre y en el caso específico de Sacramento ser hombre es a través de la sexualidad y del amor, porque Sacramento está muy secretamente enamorado de Alma.

¿Qué significa la pérdida de la virginidad para Refugio y para Alma?

En Refugio se combinan dos reacciones: por un lado, la de la mística que pierde al santo, y por otro la de la madre que pierde al hijo. Refugio ve la pérdida de la virginidad de Sacramento como una violación que acaba con su proyecto místico; Sacramento ya no puede ser su continuador. Pero al mismo tiempo, Refugio, como madre, experimenta un dolor brutal al darse cuenta de que su hijo se está muriendo. Mi intención era que dramáticamente ganara en pantalla la madre; por eso, como indicación de dirección, yo le pedí a Lilia Aragón —que es una extraordinaria actriz— que actuase como una loba aullando de dolor porque ha encontrado a su cachorro absolutamente despedazado. Quizás, al sentir ese dolor, a Refugio le toca la lotería, porque ella había llevado demasiado lejos su proyecto imponiéndoselo a los otros, y eso no puede ser.

Alma sabe que la sexualidad le va a hacer perder a Sacramento su condición de místico; devolver a Sacramento su sexualidad es hacerle hombre. Cuando ella va a ver a Sacramento hay una violación sin violencia física; es un acercamiento físico infinitamente dulce. Sin embargo, también hay una violencia mental; al devolver a Sacramento su condición de hombre hay una intención de venganza contra Refugio. Con su dimensión infantil y con su maternidad perdida, Alma alcanza a entender que la única manera de vengar la pérdida de su propio hijo es haciendo a Refugio perder al suyo.

Hay un detalle que me llama mucho la atención: para seducir a Sacramento, Alma no está vestida con las mallas rojas que emplea para hacer el número del Ángel de Fuego, sino que aparece, por primera vez en pantalla, con un vestido. ¿Por qué?

El cambio de vestuario simboliza la pérdida de la inocencia de Alma. La historia de Alma es la historia del sacrificio de los inocentes. Todo lo que ella ha vivido —el incesto, el tratar de preservar a su hijo abandonando el circo, el involucrarse con esta *troupe* de religiosos— son siempre actos inocentes, absolutamente infantiles. Incluso en la relación con su padre hay una condición amorosa; le otorga a su cuerpo la condición de expresarse amorosamente. No hay violencia física, no hay violencia amorosa, hay una violencia conceptual, porque es un incesto. Alma es inocente hasta que, con la seducción a Sacramento, se venga. Ahí, Alma se olvida de que el cuerpo, la sexualidad y el erotismo son actos amorosos, y los usa por primera vez. Entra al mundo que habitamos todos los seres humanos, que es el mundo de los no inocentes. Por eso, pierde el traje de ángel, porque ha dejado de ser un ángel, y por eso también cuando se quiere subir al trapecio, no puede. Ha dejado de ser el Ángel de Fuego. Por esa pérdida de la inocencia, Alma empieza a ejercer como prostituta. Al principio de la película, cuando Rito [Salvador Sánchez] le dice que tiene que ir a atender a los clientes, Alma le contesta: "No voy, yo no soy puta, yo amo con el cuerpo." Pero, una vez cancelada la condición de ejercerse exclusivamente a través del amor, Alma pasa a acostarse con los señores del circo. Ya, es lo mismo, ¿no? Alma sacrifica su inocencia para poder sobrevivir.

Acabas de mencionar el amor, ¿cómo ves el amor en Ángel de Fuego?, *¿hay amor?*

Yo creo que hay mucho amor entre Alma y su papá. Un amor que es, si quieres, condenable; como quieras etiquetarlo, pero hay amor. También hay amor entre Alma y Noé [Noé Montealegre], el chiquito. Hay amor de Refugio hacia Sacramento; indudablemente un amor enfermo, pero hay amor. Y hay amor de Josefina [Merche Pascual] a Renato y a Alma. Josefina es la madre sustituta y es la pareja sustituta de Renato; aunque con Renato no se ve nada, pero sí es un personaje amoroso, muy amoroso. Y a final de cuentas, hay un grandísimo e infinito amor de Alma hacia su bebé. Por eso, Alma libera a los animalitos antes de quemar el circo. Yo creo que es una película en la que hay muchísimo amor: enfermo, en el caso de Refugio; condenado y prohibido, en el caso de Renato y Alma; insatisfecho o de sustitución, en el caso de Josefina; de amiguitos con Noé.

¿Quieres decir que el amor es más de lo que normalmente se entiende por amor?

Claro que sí. Uno está acostumbrado a leer —por lo menos en el cine, que indudablemente es un discurso ideológico— amores muy maniqueos, muy establecidos, muy funcionales, muy legibles. Por eso, el cine ejerce esa fascinación en el público, porque ahí ves lo que no ves en la casa, ¿no? En el cine en esas escenas eróticas sólo falta que los angelitos te papaloteen encima. Bueno, eso sucede, yo no lo niego, pero suceden muchísimas otras cosas también que en el cine no existen. Por eso, *Ángel de fuego* es una película tan difícil en términos de público, porque no te está mostrando aquello que quisieras ver y que no tienes en la casa; te está mostrando lo que tienes en la casa. No es ese deber ser maravilloso, artificial y en muchos casos brillante que propone el cine, es otra cosa. Hay una infinita gama de posibilidades amorosas; no todas ellas sanas, no todas ellas aprobables, pero existen. Nos gusten o no nos gusten, las condenemos o no, existen, están y funcionan.

He estado leyendo una entrevista con Evangelina Sosa donde ella dice que le había gustado el trabajo que había hecho contigo[17]. Cuéntame cómo trabajas con los actores.

Yo trabajé muchos años con Felipe Cazals. Como asistente, dirigía a los actores y ahí aprendí muchísimo. En *Ángel de Fuego*, la película dependía, absolutamente, de la capacidad de mis actores. Por eso, yo hice un trabajo muy minucioso de análisis de texto, de análisis de personajes, de puesta en escena, de puesta de tono, de ensayos. Fue un trabajo muy intenso, porque el guión tenía cantidad de elementos y de intenciones. Lo primero que hice fue darles el guión y pedirles que lo leyeran y que tomaran notas. Luego, con cada uno de los actores separadamente, me sentaba yo a hacer un análisis de todo el guión y hablábamos de qué queríamos hacer, por qué, qué significaba. Una vez que eso estaba digerido, entrábamos al análisis específico del personaje que le correspondía a cada actor. Después, había una puesta de tono en la que manejábamos, exclusivamente, los diálogos y marcábamos en qué tono tenían que ser dichos. Como tenía una gran variedad de actores de diferentes escuelas, quería emparejar los tonos; no quería tener a alguien superficial.

¿Cómo eran los estilos de las distintas escuelas?

Había gente que venía exclusivamente del teatro y que tenía una manera teatral de proyectarse. Lo que quiere decir, en general, grandilocuente, proyectado hacia la gran distancia, hacia el público que tienes a veinte metros. También había una expresión corporal y vocal del teatro muy específica, especialmente los ojos, que en el cine no funciona. Había gente que venía de la televisión, en la que hay totalmente otro lenguaje expresivo, y había gente que venía del cine. Entonces, había tres expresiones actorales que no necesariamente funcionan juntas; hubo que limar por acá y que empujar por allá. Teníamos a Noé, al chiquito, que había hecho dos teatritos infantiles, pero que no tenía ninguna escuela, ningu-

---

[17] Gallegos, José Luis, "*Ángel de Fuego* es una obra importante en el cine latinoamericano contemporáneo", *Excelsior*, 24 de abril de 1992.

na preparación como actor. Lo que sí tenía eran los grandes vicios
del teatro infantil mexicano, que son patéticos —o que en aquella
época eran patéticos, ahora ya no sé lo que están haciendo—. En
ese sentido, había un trabajo muy particular que hacer con cada
uno de los actores.

Además, había que buscarle el tono a cada uno de los personajes: Sacramento, por ejemplo, tiene una manera de hablar muy
específica que se deriva de la condición del personaje; Noé tiene
otra; Refugio, otra. Los personajes son como nosotros; nosotros
hablamos con expresiones personales, ellos también necesitan
hablar de manera distinta. Si las dos leemos un guión, no vamos a
leer las dos lo mismo; eso te niega a ti tu personalidad y tu historia, y me niega a mí la mía. Entonces era cosa de cuidar esos detalles para que cada personaje hablara y se expresara de una manera
específica acorde a su historia, a su personaje, a su situación.

Después, cuando ya estaban más o menos establecidas las
cosas, juntaba a los actores que tenían las mismas secuencias para
que hablaran y vivieran las secuencias juntos; para que antes del
rodaje se fueran conociendo como personajes, no como actores. Al
mero final, ya que estaba todo más o menos establecido, en el
circo, con vestuario, junté a todo el personal de la película: técnicos, directores de departamento, actores. Allí corrimos todo el
guión: yo leía la descripción de escena y cada actor empezaba a
decir su personaje de memoria. Empleé esta técnica porque tenía
muy poco tiempo de rodaje, como tenemos todos en México. El
que mi trabajo de actores estuviera ya "planchado" me permitió
poder dedicarme a luz, a puesta en escena, a puesta en cámara.
Además, con la preparación, mis actores estaban tranquilos porque ya habían tenido dos meses de trabajo previo; no estaban pensando ¿Por qué no me hace caso la directora? Otro beneficio
importante para los actores fue que, al estar tranquilos con su trabajo de preparación, pudieron improvisar y sacar una serie de
cosas que o las sacas en un momento en que está la cámara corriendo o no salen jamás. Para mí, como directora, fue un proceso de
trabajo maravilloso, afortunadísimo. Tengo que agradecer mucho

a los actores, porque este proceso fue posible, exclusivamente, por el compromiso que ellos tenían con el proyecto, porque yo no tenía dinero para pagarles los ensayos. En el caso de Evangelina [Alma], fue mucho más puntual, porque su papel es el protagónico de la película y además porque ella tuvo que aprender a escupir fuego trepada en un trapecio, que no es fácil. Desde luego, en el caso de Evangelina, sí fue un trabajo super detallado.

¿Por qué elegiste a Evangelina?

Porque yo la vi en una obra de teatro y me dio exactamente lo que yo quería: un rostro bellísimo, puro, inocente, unos ojos gloriosos. Pero al mismo tiempo una dureza muy fuerte. Además, Evangelina tenía la figura perfecta para ese papel: una carita de niñita limpia, dulce, inocente, ingenua, pero un cuerpo mucho más acabado. Me gustaba mucho que su cuerpo no fuera el de una niñita de Vogue o Televisa, sino un cuerpo mucho más humano, más cotidiano, de la calle. Es un cuerpo como los que tenemos todos los habitantes del planeta; no es esa cosa maravillosa, preciosa, de revista, que aparece siempre en la pantalla. Por ejemplo, cuando ella descubre que está embarazada, por primera vez te das cuenta de que no es una niñita: tiene sus pechos grandes, tiene su pancita. Era una dicotomía fascinante: una niña con un cuerpo de mujer. Un cuerpo que no sólo está desarrollado sexualmente, sino del que han abusado, ya golpeado, ya trabajado, ya dolido, que ha vivido.

Cuando elegiste a Evangelina, ¿habías visto La mujer del puerto[18]?

No, no la había visto porque estaba prohibida en México, pero Evangelina me llevó unas fotos, unos *stills* de ella con Renato, con Alejandro Parodi. Hasta la fecha, no la he visto y me muero de ganas de verla. Bueno, conozco la vieja.

Es un tratamiento del incesto muy diferente, pero Arturo Ripstein ha leído lo mismo que tú en el cuerpo de Evangelina; ella hace un papel semejante.

---

[18] Ripstein, Arturo, *La mujer del puerto*, 1991.

Eva López-Sánchez

7. Eva López-Sánchez

La directora Eva López-Sánchez hizo su primer corto en 1988 y desde entonces ha realizado un largo y cinco cortometrajes. A López-Sánchez le interesa la psicología de la pareja, por lo cual en su obra explora temas como el recuerdo, la venganza o la negociación del espacio íntimo dentro de la pareja. En reconocimiento a su trabajo Eva López-Sánchez fue galardonada con la Fipa de Plata en Cannes.

López Sánchez nació el 24 de enero de 1954 en la ciudad de México. En 1972 empezó estudios de antropología e historia, pero pronto se dio cuenta de que prefería estudiar cine. Durante 1986 realizó varios cursillos en el Centro Universitario de Estudios Cinematográficos (CUEC) y a finales del mismo año fue admitida en el Centro de Capacitación Cinematográfica (CCC), de donde egresó en 1991.

Durante su primer curso, adaptó un cuento corto de Eraclio Zepeda para el cortometraje *No se asombre, sargento*, que terminó en 1988. En éste, Julián tiene que cavar su propia tumba, pero para sorpresa del sargento que le está mirando, Julián no está asustado. Su calma se debe a que Julián ya se había reconciliado con la muerte al haber vivido la de sus padres.

En el segundo curso, López-Sánchez participó como continuista en la *ópera prima* de Busi Cortés, *El secreto de Romelia*. En el trabajo de la escuela empezado ese mismo año y terminado en el siguiente, *La venganza* (1989), López-Sánchez explora la psicología del rencor. Este corto de ficción surgió de una historia que la conmovió de niña: la de Rafael "Yapo" Galeana, un lancheador de la costa de Guerrero al que dispararon en la pierna y dejaron cojo. Galeana buscó a su agresor durante años para poder vengarse. Filmado en un plano-secuencia, en *La venganza* se ve cómo el agresor, Juan Osorio, dispara a Galeana por equivocación, pensando que él es la persona que se fue con su mujer.

En el tercer curso en la escuela, López-Sánchez retoma la historia del lancheador y hace un documental. *Yapo Galeana* (1990) explora la necesidad que tiene el lanchero de "devolver" lo que le han hecho para poder estar en paz consigo mismo. Queda claro que Galeana no puede perdonar al que le disparó por equivocación; sólo recupera el sueño dos años más tarde, tras haber matado al agresor.

En su cuarto curso, López-Sánchez filmó *Recuerdo de domingo* (1990), en la cual dos adolescentes que se enamoran, Javier y Daniela, tienen que separarse. En *Recuerdo de domingo*, bajo lo que parece una simple historia de amor, se encuentra un complejo análisis del recuerdo. Un domingo antes de partir hacia Inglaterra, Javier le toma fotos a Daniela. Durante los cuatro años que está fuera, Javier no se escribe con Daniela, por lo que las fotografías le dan la única imagen que tiene de ella. A su vuelta, Javier se da cuenta de que la imagen que tenía de Daniela no coincide con la Daniela actual.

En el quinto curso, López-Sánchez filmó *Objetos perdidos* (1991), la primera tesis que se hizo en el CCC en 35 mm. En *Objetos perdidos*, dos viajeros que no se conocen, Juan y Pilar, se llevan la maleta del otro por equivocación al llegar a la estación. Ambos intentan ponerse en contacto para devolverse el equipaje pero, como hay dificultades para encontrarse, cada uno empieza a usar los objetos personales del otro. A través de este recurso, López-Sánchez explora cómo se negocia la identidad dentro de la intimidad de la pareja.

Objetos perdidos contó con la ayuda del Consejo Nacional para la Cultura y las Artes (CONACULTA) y del CCC. Este corto fue exhibido con gran éxito en veintiún festivales y ganó varios premios, entre ellos el Ariel, (premio de la Academia Mexicana de Ciencias y Artes Cinematográficas) al Mejor Cortometraje de Ficción (1992); la Fipa de Plata en el Festival Internacional de Programas Audiovisuales en Cannes (1993); un Pitirri, (premio del Festival de San Juan de Puerto Rico) al Mejor Cortometraje de Ficción (1992), y un Unicornio del Festival Internacional de Cine de Amiens al Mejor Cortometraje de Ficción (1992). En su versión para televisión, *Objetos perdidos* se vendió a Suecia, Alemania y Estados Unidos.

Una vez terminada la escuela, López-Sánchez adaptó para el cine la novela de David Martín del Campo *Dama de noche*. Con la adaptación ganó el tercer concurso de *ópera prima* del CCC, lo que le permitió filmar su primer largometraje, *Dama de noche* (1992). En la película, Sofía tiene un amante casado, Matute, que la lleva de viaje. Un día, mientras están haciendo el amor, Matute muere repentinamente y Sofía, que no sabe qué hacer, pide ayuda a su amigo Bruno. Bruno promete a Sofía deshacerse del cuerpo de Matute, pero en lugar de hacerlo inmediatamente, se encarga primero de vaciar las tarjetas de crédito del muerto y de vender sus joyas. Mientras Bruno esta haciendo sus "negocios", Sofía descubre el cuerpo de Matute en el coche y, sintiéndose traicionada, se suicida. En *Dama de noche* López-Sánchez analiza las consecuencias que puede tener para una mujer el no tomar las riendas de su propia vida. *Dama de noche* se exhibió en varios festivales, el primero de los cuales fue la VIII Muestra de Cine Mexicano en Guadalajara (1992); el Festival Internacional de Nuevo Cine Latinoamericano de La Habana (1993); el Festival Internacional de Cine de Chicago (1993); y el Festival Internacional de Cine de Edimburgo (1993). *Dama de noche* ganó el segundo premio de la sección "Tema libre" en el concurso de Fideicomiso de Estímulo al Cine Mexicano (FECIMEX) en 1993. En 1993 fue nominada para cinco Heraldos (premio del periódico *El Heraldo de México*) y para cinco Arieles.

FILMOGRAFÍA

1988: *No se asombre, sargento.*
    pr: Centro de Capacitación Cinematográfica; d: Eva López-Sánchez; g: Eva López-Sánchez; es: Eraclio Zepeda; f: Rodri-

go Prieto; ed: Eva López-Sánchez; m: José González Márquez, Ricardo Pérez Montfort; p: David Villalpando (Julián), Agustín Silva (Don Chon), Paco Rabell (médico); du: 7 min. Color.

1989: *La venganza.*
pr: Centro de Capacitación Cinematográfica; d: Eva López-Sánchez; g: Eva López-Sánchez; f: Rodrigo Prieto; ed: Eva López-Sánchez p: Salvador Sánchez (Rafael "Yapo" Galeana), Adalberto Parra (Juan Osorio), Heriberto del Castillo (cantinero); du: 7 min. Color.

1990: *Yapo Galeana.*
pr: Centro de Capacitación Cinematográfica; d: Eva López-Sánchez; f: Rodrigo Prieto; ed: Eva López-Sánchez; s: Bruno Bichir; du: 17 min. 16 mm. Color.

1990: *Recuerdo de domingo.*
pr: Centro de Capacitación Cinematográfica; d: Eva López-Sánchez; g: Eva López-Sánchez; f: Jorge Medina; ed: Eva López-Sánchez; p: Simón Guevara (Javier), Mariana Lecuona (Daniela), Delia Casanova (madre de Daniela), Marta Aura (madre de Javier), Emilio Ebergenenyi (padre de Javier), David Villalpando (Juan); du: 27 min. Color.

1991: *Objetos perdidos.*
pr: Centro de Capacitación Cinematográfica, CONACULTA; d: Eva López-Sánchez; g: Eva López-Sánchez, Jorge Medina; f: Rodrigo Prieto; ed: Eva López-Sánchez; m: José Elorza; p: Cecilia Toussaint (Pilar), Daniel Giménez Cacho (Juan), Ana Ofelia Murguía (vecina), Ernesto Gómez Cruz (maestro Robles); du: 27 min. 35 mm. Color.

1993: *Dama de noche.*
pr: Instituto Mexicano de Cinematografía y Centro de Capacitación Cinematográfica; d: Eva López-Sánchez; g: Eva López-Sánchez (basado en la novela homónima de David Martín del Campo); f: Rodrigo Prieto; ed: Eva López-Sánchez, Hubert Barrero; m: José Elorza; p: Rafael Sánchez Navarro (Bruno), Cecilia Toussaint (Sofía), Miguel Córcega

(Matute), Regina Orozco (Salomé), Salvador Sánchez (Diego), Boris Peguero (Elpidio), Abel Woolrich (pescador poeta), Bruno Bichir (veterinario); du: 100 min. 35 mm. Color.

"HAY COSAS QUE ESCRIBO SÓLO PARA MÍ"

En tus recuerdos de cuando empezaste la escuela, hablas de una clase de Ludwig Margules en la que te diste cuenta de la cantidad de trabajo que implicaba estudiar cine. Dices: "Recuerdo haber salido muy deprimi-da y pensando en cómo iba yo a hacer para criar a mis tres hijos pequeños y cumplir con la escuela y el sueño de hacer cine." Más tarde, dices que dedicaste Objetos perdidos *a tus hijos y a tu marido porque sin ellos "el sueño de hacer cine se hubiera esfumado". Me puedes explicar un poco más, ¿por qué hacer cine es un sueño?*

La posibilidad de, algún día, llegar a entrar a una escuela de cine y de poder contar una historia a través de las imágenes siempre fue un gran sueño. Desde que era chica quise hacer cine, y todo el proceso que me llevó a pensar que eso era posible y a entrar a la escuela de cine fue como un sueño vuelto realidad. No fue como decir: "Yo entro al kinder cuando tengo cuatro años y luego entro a la licenciatura a los dieciocho."

Serían unos diez o doce años de un deseo largamente buscado. Además, yo siempre he dicho que yo hice mi vida al revés: normalmente, la gente no se casa a los dieciocho años, sino que va a la universidad. Yo decidí casarme primero, porque quería irme con mi pareja a Europa. Carlos ni siquiera me preguntó: "¿Te quieres casar conmigo?", me dijo: "Me acaban de dar una beca, ¿te irías a Londres conmigo?", y yo le contesté: "Pues, ¡por supuesto!, me voy a Londres", y me fui con una inconsciencia preciosa de los dieciocho años. Llegué a Londres e hice el examen para entrar a la escuela de cine del Politécnico pero, como ya estaba embarazada, dije: "Bueno, lo hago el año que entra." Al año siguiente, volví a presentar el examen, me aceptaron y me dijeron: "Este año vamos a cambiar el plan de estudios; vamos a pasar de diplomado —creo que era— a licenciatura. El proceso del papeleo va a llevar un año. Por tanto, está usted aceptada, pero para el año que entra." Cuando me di cuenta, entre el embarazo y los papeleos, ya se habían pasado dos años, y Carlos, mi marido, había tenido tiempo de terminar su maestría. Yo le pedí que nos quedáramos otros tres años. Le dije: "Total haces un doctorado. Haz algo, porque yo tengo que estudiar", a lo que él me contestó: "No. Yo tengo un compromiso en México." Tal vez, en ese momento yo debería haber dicho: "No, yo me quedo y estudio mi carrera. A mí me vale el mundo." Pero, por el compromiso de pareja, no lo hice. Accedí y dije: "Bueno, cuando regresemos a México lo haré." Por eso, te digo que hice mi vida al revés: primero tuve a mis tres hijos y luego entré a la escuela.

Cuando Alfredo, el más chiquito, tuvo cinco años, pensé: "¡Ahora!" Después de un encuentro con la muerte muy cercano, tuve una crisis existencial grave y me dije: "Bueno, si me hubiera muerto hoy, ¿qué hubiera pasado?" Y pensé: "Seguramente les hubiera hecho mucha falta a mis hijos, pero si no fuera por eso, me podría haber muerto y no hubiera pasado nada. El mundo no se hubiera perdido ni yo me hubiera perdido de nada." A continuación, entré en un proceso muy cabrón de cuestionarme todo: mi matrimonio, mi posición en la vida, etc. Me pregunté: "Yo, como persona, ¿qué estoy haciendo en la vida que valga la pena?" Me fui a un viaje y cuando regresé, decidí separarme de mi marido y entrar a la escuela de cine. De nuevo, mis decisiones fueron de una gran inconsciencia porque nunca consideré las cuestiones prácticas. Nunca pensé "¿cómo voy a vivir mañana?", sino que agarré a mis tres hijos, hice una maleta y me fui a casa de mi madre. Carlos pensó: "Está bien, siempre ha sido muy inquieta. Seguramente cuando entre a la escuela las cosas se van a pasar", y fue muy comprensivo. Le ha de haber dolido, pero dijo: "Ahora, ve y hazlo." Y lo hice.

Cuando llegué a la escuela, me inscribí para el concurso. Recuerdo claramente que fue un proceso largo. Tienes que pasar siete etapas y en cada etapa tienes que esperar a que salga la lista. Cuando ves tu nombre dices: "Sí, sí, salí." Y la otra etapa, y la otra etapa, y la otra etapa. Son muchas gentes en el mundo que tienen el deseo de hacer cine, y pocos los lugares que hay dentro de las escuelas de cine. Y claro, cuando sale la lista final y ves tu nombre, ¿qué te puedo decir? Es la realización mayor que puede haber, porque sabes que el haber sido aceptado te da el acceso al mundo que soñaste que podrías tener en algún momento. En nuestra generación éramos sólo once.

Descubrir que yo podía sola, que podía hacer las cosas tal como yo las había soñado, y que mi vida podía, desde ese momento, empezar a valer la pena, fue como volver a nacer. Cada día que me levantaba decía: "Lo que hago hoy es importante, si no para el mundo —porque yo creo que poca gente tiene la posibilidad de decir que hizo algo transcendental—, sí para mí."

Para mí, el hacer cine es tener una meta añorada que se vuelve realidad todos los días y que de nuevo se vuelve a concebir como sueño. Cada vez que tengo otro proyecto, vuelvo a soñar y luego vuelvo a concretar. Les digo a mis hijos que el cine es una de las pocas profesiones en las que realmente se puede soñar y concretar ese sueño. El cine hace posible que, un día, viendo pasar las maletas en la banda del aeropuerto, se te ocurra que puedes hacer una historia de una maleta que está perdida. Después, este sueño se va concretando: vienen días, años, en los que vas nutriendo, nutriendo, nutriendo la idea de la maleta. El proceso de concebir y hacer una película es como el de educar a los hijos: aunque te drena y te saca, se parece a ti, y al final la recompensa es que lo ves como una obra concreta. Este "niño" comienza a caminar solito, te agarra de la mano y te lleva lejos. Cuando llegué con *Objetos perdidos*, mi "niño", hasta Japón y tuve que hablar del corto, sentí una sensación de plenitud muy, muy grande.

El cine es una pasión, es un sueño, es algo que llena tu vida, que te invade, que te hace vivir, que hace que cada mañana te fijes en la luz que está dando y en lo que viste pasar por el coche. Encontré el camino que yo quería, lo que me motivaba. Todas las lecturas que hago, la música que oigo, la pintura que veo, todo el mundo está rodeado de ese afán de hacer cine, de hacer una persona cada vez más completa que se pueda expresar mejor y que cada vez sea un poco más.

Cuando entraste en el Centro de Capacitación, conociste a Busi Cortés, que ya era profesora. ¿Me puedes contar cómo fue vuestro encuentro?

A Busi la conocí en 1986, ella era parte del panel de selección del CCC. Una de las siete etapas de selección eran entrevistas en las que te tenías que enfrentar a toda una mesa llena de "inquisidores". Busi era una de las personas que te cuestionaban, recuerdo que siempre fue muy amable. Como ella era la única mujer, su apoyo fue importante, porque había un cuestionamiento de las dificultades de ser responsable de una familia. Yo tenía tres hijos, los que me entrevistaban querían saber si iba a poder comprometerme *absolutamente* con el horario tremendo que tenía la escuela. Me acuerdo que Ludwig Margules me dijo: "Bueno, si un día te hubiera costado muchísimo trabajo conseguir una locación y alguno de tus hijos se enferma, ¿qué harías?" Yo le contesté: "Bueno, la gran ventaja de vivir en un país como México es que, normalmente, uno tiene familia y gente con quien dejar bien a una criatura. Si el momento de tomar una decisión así llegase, sí creo que lo podría resolver."

Conocer a Busi fue una experiencia importante, porque ella ya tenía caminada la brecha de tener hijos y de hacer una escuela de cine. También había conseguido lo que ella consideraba como un logro de su generación: hacer su primera película muy rápido, incorporar a los estudiantes en la producción y juntarlos con el sindicato. Una vez dentro de la escuela, tuve un contacto muy directo con Busi. En mi segundo año ella fue mi maestra; con ella tuve mi primer trabajo "profesional". Participé como estudiante en su primera *ópera prima* que se hizo dentro del marco de apoyo de la escuela, *El secreto de Romelia* (1989). Mucha de la gente que trabajamos en la película éramos estudiantes y no cobrábamos. Mi recuerdo de estos años es que Busi me dio mucho apoyo, porque comprendía muy bien el fenómeno de tenerse que repartir entre dos grandes amores. El cine, en verdad, tiende a ser una pasión monogámica; es celoso de tu tiempo y de todo. En las últimas etapas de un proyecto, el proyecto se convierte en una verdadera obsesión, cobra una prioridad absoluta, y la gente puede perder sus relaciones. Y tiene que ser así; si no es casi imposible que las cosas puedan darse, porque hay múltiples pequeños aspectos que tienes que estar cuidando. ¡Las miles de cosas que tienes que estar manejando en tu cabeza te rebasarían! Un amigo me decía que, cuando tú ya vas a filmar una película, tu pareja debería pasarse a vivir al piso de abajo con tus hijos y venir a verte cuando hubieras terminado. Así, mientras tu pareja se ocupa de tus hijos, tú puedes dedicarte a la película. Si no, es imposible. Y creo que tenía razón.

Cuéntame un poco más sobre el proyecto de tu ópera prima.

El producir un largometraje te permite acceder a la industria, aunque todavía estés dentro de la escuela. Es un proyecto interesante y creo que único. En las escuelas que pertenecen al CILECT [Centre International de Liaison des Écoles de Cinema et de Télévision], que es una asociación mundial de escuelas de cine, se hacen cortometrajes, mediometrajes y animación, pero no largometrajes. De ahí la importancia del proyecto de *ópera prima* del CCC y de *El secreto de Romelia*, que fue el primer largometraje que se hizo en la escuela.

¿Fue idea de Busi proponer este proyecto?

Fue idea de un grupo. Busi y Gustavo Montiel —que es el director del CCC— habían sido compañeros de generación del CCC. No sé bien, pero creo que los que idearon este concurso fueron ellos dos y algunos más. Bueno, para ser más exacto, *El secreto de Romelia* por ser la primera no fue un concurso, pero después se creó un concurso en el que estudiantes y ex alumnos del CCC presentaban guiones. El que ganaba el concurso hacía la película. Después del largometraje de Busi, ganó Carlos Carrera con *La mujer de Benjamín* (1991), luego Francisco Athié con *Lolo* (1992), y después seguí yo con *Dama de noche* (1993). Luego vinieron *La orilla de la tierra* (1994) de Fernando Ortiz, *Un hilito de sangre* (1995) de Erwin Newmaler y *Por si no te vuelvo a ver* (1996) de Juan Pablo Villaseñor.

¿Participan todos los estudiantes de la escuela en la ópera prima?

No. La escuela tiene cinco generaciones, y los escogidos son los estudiantes de la segunda generación, porque los de la tercera generación ya se dedican al documental. Los estudiantes del segundo año son los más apropiados para participar en el rodaje porque, teniendo un poco de formación, necesitan más práctica. Participar en un largometraje permite que los estudiantes se pongan en contacto directo con el cine como industria. Cada estudiante dice: "Bueno, yo voy para fotografía", y ese estudiante hace de segundo, tercero, cuarto o quinto asistente de cámara. Otros dicen: "Yo voy para edición y me dedico a la parte de posproducción."

¿Qué elegiste hacer tú en El secreto de Romelia?

Como yo quería dirección, entré a trabajar de aprendiz con la continuista, Lulú Álvarez. La continuista o *script* es la persona que toma notas para que todo encaje cuando se edita la película. Por ejemplo, la continuista cuida de que cuando tú tomas la taza la tengas al mismo nivel que en la escena que se rodó antes. Este trabajo es de una retención visual impresionante. Yo lo elegí porque pensaba que era donde más podía aprender; siendo continuista te enteras de qué lente puso el fotógrafo, qué diafragma usó, qué película se utiliza, qué maquillaje trae la actiz, cómo tenía los aretes, el vestido, el peinado etc. Lo tienes que apuntar todo, para que si se echa a perder alguna toma y se tiene que repetir un pedazo de la escena, se pueda hacer en condiciones absolutamente iguales. Además, también me gustaba el trabajo de continuista porque te hace estar siempre junto a la directora, que era la otra cosa que yo quería hacer: estar en el *set* junto a la directora en la puesta en escena, no corriendo a traer algo. Fue una experiencia padrisisísima. Lulú, con una gran generosidad, me dio su conocimiento y no sentí ninguna competencia de su parte.

¿Crees tú que el proceso de aprendizaje hubiera funcionado igual si Lulú hubiera sido un hombre?

Lulú era una gente muy generosa con su conocimiento, y quizás el género no tuvo que ver tanto; aunque puede ser que el afán de que hubiera más mujeres dentro del cine influyera en su cariño. Ahora que lo pienso, cuando yo ya era directora e hice *Dama de noche*, el jefe de tramoya —que era al mismo tiempo el jefe de la unidad del sindicato— me dijo: "Es la primera vez en mi vida que trabajo con una mujer directora." ¡Era la primera vez en treinta y cinco o cuarenta años que trabajaba con una mujer directora! Si piensas en la reacción del jefe de tramoya, quizás el ser mujer sí que importa. Dentro de mi generación o de los egresados de las escuelas que ya crecimos con otra mentalidad puede que no sea tan importante, pero dentro del sindicato, quizá sí.

Hay una gran diferencia entre la gente de las escuelas y los del sindicato. Antes, para que alguien entrase al sindicato, se tenía que morir uno; la gente iba escalando, poco a poco, dentro de la jerarquía del sindicato para poder acceder, *finalmente,* a un puesto. Lo que sucedió con las escuelas de cine —tanto con hombres como con mujeres, pero sobre todo con mujeres— fue que accedimos a ciertos puestos porque, para hacer algunas de las películas que hicimos ya no había necesidad de pertenecer al sindicato. Para los hombres de las generaciones anteriores debe de haber sido difícil recibir mujeres y, además, aceptar que no habían seguido el escalafón necesario. Yo creo que Lulú, de alguna manera, se identificó con el hecho de que yo era una chava que todavía estaba estudiando y que quería hacer lo mismo que ella. Yo le agradezco mucho esa generosidad de decir: "A mí me costó veinte años, pero a ti te lo voy a dar en ocho semanas de rodaje." Seguramente fueron muchos años los que ella tuvo que invertir en aprender. A fin de cuentas, espero que también para la gente del sindicato haya sido interesante trabajar con nosotros. Probablemente se dieron cuenta de que no éramos unos tontos sino que, realmente, teníamos muchas ganas de aprender; comprendieron que ellos nos podían enseñar y que juntos podíamos hacer una película.

¿Fue sólo en el segundo año cuando participaste en la elaboración de una película?

No, desde tu primer ejercicio en la escuela haces cine. El primer ejercicio, que se llama *La pelota,* es un ejercicio que se hace para que el alumno aprenda a manejar la cámara como si fuese un eje. Es una pequeña historia en la que hay unos niños que están jugando con una pelota y otros que se la roban. Sirve para enseñarte a que no te equivoques al poner la cámara y sepas girarla bien. En vídeo no importan las equivocaciones, porque puedes emplear mucho material y cambiar de cassette varias veces. Después, tendrás un horror de trabajo de ver todas esas horas, pero lo puedes hacer. En cambio, con un negativo no te puedes permitir esos lujos. Siempre buscas el momento exacto porque la película, el proceso de revelado y la impresión, son muy caros. Desde el principio aprendes que hay que tener mucho cuidado con el material, que tienes que ensayar, que tienes que saber exactamente qué quieres decir con la imagen para que, en el momento en que digas "¡Corre cámara!", no sean demasiadas las tomas que haces.

¿Participaste en alguna película que estuviera dirigiendo otra persona?

Desde el primer año, el director es un alumno; las películas son de los estudiantes. En el primer ejercicio, a los que van para fotógrafos, les toca fotografiar y a los que van a ser directores, les toca hacer dirección entre los compañeros. Yo, el primer año hice *No se asombre, sargento* (1988), un corto de siete minutos basado en un cuento de Eraclio Zepeda. En esa película, por ejemplo, Rodrigo Prieto fue mi fotógrafo. Y como tuvimos un entendimiento desde el principio, él siguió siendo el fotógrafo durante todos los ejercicios que hice, hasta en *Dama de noche*.

A diferencia de nuestros propios ejercicios, cuando hacíamos los de los otros compañeros, rotábamos. El ir cambiando de posición es muy buena idea porque te permite probar otras áreas: producción, fotografía, asistencia de dirección, ingeniero de sonido, etc., y al final puedes elegir lo que quieres ser. El CCC no es una escuela donde tú selecciones desde el principio; poco a poco, la gente y los maestros se van dando cuenta de cuál es tu fuerte y de esta manera cada cual empieza a decidir. Es una educación distinta a la que ofrece el sindicato, donde desde el principio tienes que estar mucho más definido y decir: "Yo quiero hacer producción", por ejemplo.

Pasemos a tu primer corto, Objetos perdidos, *con el que ganaste en 1992 el Ariel al mejor cortometraje y el segundo lugar en la categoría "Programas Cortos" en Cannes. Dime, ¿cuál era el tema o los temas que querías tratar?*

Objetos perdidos fue un juego muy divertido. Por un lado, dio pie a una buena historia de amor en la que Juan [Daniel Giménez Cacho] y Pilar [Cecilia Toussaint] se reconcilian, un poco, con sus propios conflictos. Pilar se va a la playa, reflexiona sobre su pareja y regresa con la convicción de que no quiere más a su novio. Por otro lado, a Juan y Pilar les sucede un encuentro involuntario y sorpresivo con el equipaje de otra persona: se llevan, por equivocación, la maleta del otro. Lo que intentaba a través de esta historia es hablar de la relación que se establece entre el amor y la intimidad dentro de las relaciones de pareja. Mira, me acuerdo muy bien del momento en que Cecilia Toussaint, la actriz que tiene el papel protagónico, me dijo: "Eva, no entiendo ese parlamento y, como no lo entiendo, no sé cómo decirlo." Justamente ahí, le expliqué la importancia de que la intimidad sea un acto voluntario. Es importante darse cuenta de que el que un acto sea o no voluntario cambia completamente las experiencias. Es como la soledad: la soledad es rica cuando tú la buscas, no cuando la soledad te invade o cuando alguien te impone la soledad. Si hoy escojo quedarme aquí, en mis cuatro paredes, encantada de la vida, haciendo mis cosas, llenándome de lo que me gusta, es muy diferente a cuando alguien me deja. Cuando tú quieres estar con alguien y esa persona no quiere estar contigo, entonces tienes una soledad impuesta por la voluntad de la otra persona.

La intimidad tiene que ser un acto voluntario cuyos límites se respeten. Una cosa es que yo exponga mi intimidad frente a ti, y otra que alguien venga y espíe a través de un hoyo, manteniéndose incógnito. A mí no me gustaría que nadie espiara las cosas que yo no quiero. Hay cosas que escribo para ser leídas, hay guiones que escribo para ser mostrados, pero hay cosas que escribo sólo para mí. Son reflexiones, son dudas, son cuestiones que me intrigan, cosas emotivas que me suceden, que me invaden. Son cosas que son tan fuertes, que son nada más que para mí. Luego, si las quiero compartir con alguien, eso es diferente. Una vez, tuve un problema muy, muy grande con alguien que leyó una cosa que yo no quería que leyera. Me molestó porque una cosa es lo que tú cedes, el espacio que tú quieres dar, y otra la violación. La violación sólo tiene lugar cuando alguien toma algo tuyo, a sabiendas de que eso es una transgresión a lo que tú has impuesto como reglas.

La relación entre dos intimidades puede ser una violación o puede ser una cesión. Puede ser que tú digas: "Yo te abro estos espacios que son muy íntimos, muy personales y tú me abres unos espacios que son muy, muy, muy personales." Es difícil compartir ese espacio íntimo. A veces le toma a uno años comprender cosas sencillas que vienen dentro de la educación emotiva de cada una de las personas. A mí, si me dices una cosa con cinco mil palabras, te la entiendo. No me gusta discutir, no me gusta que me griten, que me violen, me parece una cosa muy violenta hacerle eso a una persona; me gusta hablar. Otras personas se gritan con singular alegría y no les pasa nada. Hay que tener sabiduría para darse cuenta de hasta dónde la intimidad de una persona se comparte, hasta dónde se viola y hasta dónde la otra persona quiere que tú entres dentro de ese pedazo de su vida. La intimidad es un compromiso muy importante y muy difícil. Por eso, cuando unas personas que se han conocido se enojan, lo que tolero menos es que se saquen a relucir parte de ese territorio cedido. Eso sí es una violación, es lo más bajo que puede hacer un ser humano. Hieren en donde saben que hay una herida vieja, porque tú, justamente, abriste ese espacio, mostraste tu fragilidad.

¿Cómo se aplica esta idea de intimidad a la narrativa de Objetos perdidos?

En *Objetos perdidos* hablo de los límites de la intimidad por medio de una maleta que se extravía. La idea surgió a raíz de una experiencia personal mientras estaba viajando. Yo había dejado mi diario en la bolsita del avión que está enfrente del asiento. Pensaba escribir, pero me compré una revista de cine, me puse a verla, el vuelo era muy corto y dejé el diario en la bolsita. Me bajé y cuando ya iba hacia el pueblito austríaco que quería visitar, me dije: "¡No!, mi diario." Mi siguiente reacción fue pensar: "¡Ah!, pero el diario está escrito en español, y aquí hablan alemán. Por lo menos, nadie puede estar feliz de la vida ojeándolo."

Al escribir el guión de *Objetos perdidos* amplié mi experiencia personal: puse el diario dentro de una maleta. Pensé que la posibilidad de un cambio de maleta podía servirme muy bien para expresar la idea de intimidad que tenía en mente. Porque, después del coraje que representa que alguien se confunda y se lleve tu maleta, lo primero que tú quieres es recuperar tus cosas. Y claro, aún las quieres recuperar más si dentro de esa maleta hay cosas que no le quieres mostrar a nadie. Específicamente, en *Objetos perdidos* quería hablar de la intimidad dentro de las relaciones de pareja; por eso, en lugar de que fuera una sola maleta la que se extraviaba, hice que fueran dos. Esto me permitió que hubiera un intercambio: Pilar se lleva las intimidades de Juan en su grabadora, y Juan se lleva las de ella en su diario. A continuación viene un proceso en el que las intimidades se van violando. Claro, si tú encuentras la maleta de alguien y tiene una *lipstick* y te lo pones, eso sí es una violación; si tú encuentras una carta y la lees, aún peor. Eso está contemplado en la ley: uno no debe abrir las cartas de otras personas. *Objetos perdidos* precisamente empieza como una violación de intimidad, porque tú no tienes derecho a hurgar entre las cosas personales de nadie. Las personas tenemos derecho a nuestros secretos. En *Objetos perdidos*, Juan empieza, felizmente, por un cigarro. Después, se le antoja, tiene frío y se pone un suéter. Son cosas básicas que se pueden justificar, pero luego encuentra el diario. Normalmente, si la curiosidad no jugara un papel decisivo, no pasaría nada, pero en *Objetos perdidos*, la curiosidad mata al gato. La curiosidad de ambos los hace irse compenetrando cada vez más, y así se van enamorando de la otra persona.

Es fácil entender por qué violan la intimidad del otro: si tú me das hoy tu diario, yo mañana sabré muchísimas más cosas de ti que si tuviéramos una amistad durante veinte o treinta años. Es como cuando alguien mira a través de un agujero de la puerta del cuarto de baño. A través de esa invasión, de esa violación de intimidad tan grande, se juntan el que se asoma por el agujero en son de juego con el otro, que está con los calzones bajados. Cuando la amiga de Cecilia, Alicia [Regina Orozco], le dice a ésta: "¿Y tú,

escuchaste su grabadora?" Cecilia, ¡bastante pícara!, le responde
que sí. Cuando tiene lugar esta escena, el espectador puede pensar: "Espérame. Una cuestión es que te permitan escuchar y otra
cosa que escuches sin pedir permiso." Al final, a raíz de esta violación de intimidad se crea una situación muy específica. Pilar y
Juan saben tanto el uno del otro que no se pueden ni hablar. Si
Juan dice: "Aquí está tu suéter", "Te escribí algo en tu diario",
Pilar sabe que lo sacó de la maleta. Y si Pilar dice: "Te grabé algo
en tu grabadora", saben que hubo una violación. Por eso, nada
más se pueden decir: "Hola." "Hola." "Es la mía." "Sí." "Adiós."
No hay más palabras por miedo a que esa violación sea evidente.

   ¿Por qué te interesaba hablar de la intimidad?

La intimidad de la que quería hablar es parte de la relación de
pareja de este fin de siglo. Antes, en las parejas había uno que era
como el gas, que se expandía e invadía todo; mientras, el otro se
quedaba ahí, en el espacio de oxígeno que lograba rescatar. Es
decir, había una personalidad que invadía absolutamente la relación y la otra que se sometía. En los noventa, se busca cambiar esa
situación. Una amiga llama a la intimidad que buscamos ahora,
un poco sarcásticamente, "el síndrome del astronauta", refiriéndose a que uno quiere su propio espacio. La gran meta para este fin
de siglo, en mi opinión, es establecer un equilibrio para que las
personas que están dentro de una relación comprendan las necesidades y los espacios del otro. Hay una gran diferencia entre lo que
yo delimito como mis prioridades, lo que el otro delimita como
sus prioridades y los espacios que compartimos.

   Hay cosas que la gente no te cuenta hasta muchos años después: un día, algo sucede en ese espacio que querían guardar para
sí, y lo quieren compartir con otra persona. Y a mí me parece
importante respetar esta decisión individual de cuándo es el
momento apropiado; por eso, no entiendo los celos dentro de una
relación. Siento que si en la relación hay una entrega absoluta, los
celos no tienen ninguna razón de ser; es como un vicio escondido.
Yo puedo tener una gran intimidad contigo y contarte algo cabron-
císimo, dificilísimo, importantísimo, que ni siquiera me había

dado cuenta de que lo tenía dentro de mi cabeza y que no quiero compartir con mi pareja. Uno puede tener esos momentos de amistad y de gran plenitud, de gran acercamiento con otras personas, sin quitarle necesariamente nada a la relación de pareja.

Tú escoges con quién compartes qué pedazos de tu intimidad y por qué razones, pero eso no quiere decir que quieras a una persona más que a otra. El otro día, alguien se murió y hubo una persona que le preguntó a uno de los hijos que cómo había sido la relación de su padre con equis mujer. Yo pensé: "Es muy mala idea hacer esta pregunta." Yo tengo una gran confianza con mis hijos, pero hay cositas que saben mejor mis amigas que mis hijos. Son cosas muy sutiles, mucho más íntimas, inclusive cuestiones sexuales.

¿Cuál fue la reacción del público ante el final de Objetos perdidos?

Después del estreno, a la salida del cine, todo el mundo me decía: "¿Por qué no los dejaste juntos?" Yo les contestaba: "No puede ser." Hay cosas que están permitidas, cosas que sí se hacen, y cosas que no se hacen, como haber husmeado en la intimidad del otro. Finalmente, uno está lleno de todas estas cuestiones de la educación en sociedad. La única que entiende esto en *Objetos perdidos* es Penélope, una mujer que está sentada en un banco de la estación de tren tejiendo. Primero, ve cómo Juan llega con la maleta y espera a Pilar y luego, cómo Pilar y Juan se encuentran. Esta mujer teje y teje y teje en la estación de tren porque durante años espera a su amante. Ella es nosotros; ella es el espectador que reconoce en estos dos personajes a dos amantes. Aunque no lo sean, ella los reconoce como tal y sonríe. Ella los está viendo a través de nuestros ojos y comprende, un poco mejor, lo que ellos no comprenden.

¿Qué es lo que no comprenden, que han violado sus respectivas intimidades porque no le habían dado acceso a esa intimidad?

Exacto, que se habían robado la intimidad del otro. Motivados, absolutamente, por la curiosidad.

Pero que no se ve como algo negativo en este caso, ¿no?

No, no es negativo porque el resultado es una historia de amor. No buscaba una solución simple. En *Objetos perdidos*, esa violación de intimidad les dio la oportunidad de conocerse y de reconciliarse consigo mismos. Había una posibilidad de historia de amor, pero no tuvo lugar porque la historia de amor estaba construida sobre una violación de intimidad. Era imposible admitir que uno había violado la intimidad del otro y al mismo tiempo amarse.

¿Qué es el amor entonces?

El amor implica una *cesión* de intimidad: voluntariamente, abres esa intimidad a otra persona. Hay momentos en los que esos dos territorios, lo que tú cedes y lo que el otro quiere dar, se pueden medio tocar, y es fabuloso. Sin embargo, estos momentos de cesión voluntaria de la intimidad son rarísimos. La cesión del espacio territorial tiene que ver con cuánto tú quieres comprometerte a compartir territorios y hasta dónde puedes jugar en ese ir y venir de la intimidad. ¡Cuántas parejas hay que están pagando dos departamentos porque no quieren perder la posibilidad de irse a refugiar un ratito al otro departamento! "¿Dónde vamos?, ¿a tu casa?, ¿a mi casa?, ¿dónde pasamos la noche?, ¿en tu casa?, ¿en mi casa?"

Cuando una pareja tiene hijos, a menudo le dan muchas ganas de compartir una vida y un espacio. Además, en la educación del hijo tiene lugar un proceso que hace que te cuestiones elementos de esa intimidad. De repente, vas repitiendo frases que te dijeron a ti de niño y ahí empiezas a hacerte preguntas sobre el bagaje cultural que has heredado: ¿Qué voy a enseñarle a una persona que es la persona más importante en mi vida? ¿Le vamos a enseñar lo que tú crees o lo que yo creo? Si hay una buena comprensión y una buena discusión, seguramente, se llega a un compromiso sobre lo que se le va a decir a esta pequeña criatura. La educación de un niño puede acabar siendo una proyección de la intimidad de la pareja en la que se hace una especie de ajuste de qué es lo importante. El resultado es una persona que se parece al papá, pero que reacciona igualito que la mamá; es como una bolita de dos personas.

¿Conoces a Dana Rotberg?

La conozco desde que hizo aquel documental fabuloso sobre Elvira Luz Cruz. Ella hizo la escuela mucho antes que yo; ya había salido de la escuela cuando yo entré. Ella me conoció a través de un plano secuencia de siete minutos que yo hice que se llama *La venganza*, que ella vio en el festival de Guadalajara. A mí me gustó mucho su trabajo, y a ella le gustó tanto el mío que después se dio una relación muy cercana e íntima, muy cariñosa. Conversamos mucho desde entonces.

Pasemos a tu primer largometraje Dama de noche, *la ópera prima que hiciste en el CCC. Háblame del personaje de Sofía [Cecilia Toussaint], ¿qué le mueve?*

Mira, el personaje de Sofía es un personaje trágico. Desde que empieza la película sabes que va a morir. Cada una de las decisiones que ha tomado, no solamente dentro de la película sino también a lo largo de su vida, han sido decisiones equivocadas. Cuando se quiere hacer un personaje dramático se crean una serie de implicaciones que lo llevan a cumplir esa necesidad dramática. Sofía es un personaje dramático que tiene que cumplir su destino y simplemente lo único que hago es llevar su vida hacia ese destino trágico. En *Dama de noche* yo no quería hacer una película militante sobre la infelicidad, sino mostrar la incapacidad de movimiento de Sofía. Debido a que ha tomado las decisiones equivocadas en su vida, ya está en un estado tal de reposo que no tiene capacidad de lucha. Al principio de la película la vemos sufriendo las consecuencias de no haber luchado. Es un personaje débil, sin personalidad, sin carácter, sin fuerzas.

Una de las cosas más importantes a las que quiero llegar a través de la película es a que esta tragedia se hubiera podido evitar. La tragedia puede ser un círculo vicioso del cual ya no puedes salir, pero no en todos los casos. Por ejemplo, te doy un caso bastante común: una niña de catorce años se queda embarazada, la corren de su casa y como consecuencia tiene que irse de prostituta. Ése es un personaje trágico. En cambio, ¡cuántas otras se acuestan y no tienen un niño!, o tienen unos padres comprensivos y no tienen la necesidad de irse a ejercer la prostitución. Pasa un conocido por ahí, les da un trabajito y salen adelante. Aunque la experiencia de quedarse embarazada sea la misma, el resultado puede ser diferente. Yo sí creo que el resultado tiene que ver mucho con el destino que uno tiene que cumplir en la vida y también con la suerte y con la personalidad, que son factores que están alrededor de uno.

¿Qué es lo que ha llevado a Sofía a entrar en ese círculo vicioso trágico dentro del cual no hay salida?

Las decisiones que uno va tomando le llevan a su destino. A mí siempre me ha atraído mucho el pensar sobre alguien que se va poniendo la soga al cuello. ¿Por qué, si no tenías dinero, acabas de ir a comprar una televisión? ¿Cómo que, si no tienes con qué pagar la renta, estás teniendo un hijo? Luego, claro, lo ves ahí, agobiado. Igual hace Sofía; en vez de irse con Bruno [Rafael Sánchez Navarro], con quien se divertía muchísimo desde que eran jóvenes en la universidad, se casa con un hombre que la golpea. Tiene a la hija, se divorcia y se va con un hombre mayor, Matute [Miguel Córcega], porque él le soluciona la vida.

Matute es un amante feo, gordo, desagradable, que solamente la quiere como prostituta. Él se lo dice en la conversación: "Tú, lo único que puedes hacer en tu vida es dirigir una revista de moda" y otras ideas igual de denigrantes. Es una cosa absolutamente asquerosa, hablarle así a una persona. Sofía aguanta estos comentarios a cambio de una situación cómoda, de tener una tarjeta de crédito y de ir de vacaciones de vez en cuando. Pero, a su vez, Sofía se defiende de Matute no mostrándole su intimidad. Aunque Matute quiere ponerle un departamento, Sofía no quiere. Ella prefiere vivir con su madre; se conforma con no tener su espacio propio, a cambio de poder conservar una pequeña parte de su intimidad dentro de la que caben su hija y Bruno.

Además de las decisiones equivocadas que ya ha tomado con anterioridad, las decisiones que Sofía toma en el pedazo de vida que conocemos en la película también son decisiones equivocadas. Decide irse con Matute a Veracruz y el tipo se muere. En su último esfuerzo, llama a su íntimo amigo de la ciudad para que venga en su ayuda, pero es una mala decisión. Si en lugar de llamar a Bruno hubiera llamado a la policía, hubiera sido un escándalo, la mujer de Matute se hubiera enterado de que su marido tenía una amante, pero no hubiera tenido un final trágico. Otro ejemplo: cuando descubre los papeles en los que Bruno ha estado falsificando la firma de Matute para drenar sus tarjetas. Si en vez de pensar que Bruno la traicionó, hubiera pensado que estaba sacando el dinero para ella, no habría decidido quitarse la vida.

Me gustaría saber qué papel tiene Bruno dentro de este mundo trágico en el que se mueve Sofía, y también ¿por qué Sofía acaba no confiando en Bruno?

Porque el personaje es así; Sofía confía más en que la gente sea mala persona con ella que en la bondad de las personas. Para contrastar con la falta de fuerza de Sofía, creé al personaje de Bruno, que es su opuesto: un soñador, un cínico. Aunque comparten un gran cariño y luego una identificación —porque él realmente está enamorado de esa mujer y quiere salvarla—; sin embargo, Bruno no sabe cómo hacerlo. Se va más por el cuento, por la fascinación de la historia de caballero andante, de ladrón protector de los pobres, y no se da cuenta de que esa mujer se le está yendo. Bruno, en vez de ocuparse del futuro, de vaciar las tarjetas, podría haber dicho: "Te agarro, nos subimos al coche y nos vamos a México." Él también comienza a tomar todas las decisiones equivocadas: cuando Sofía lo cuestiona, Bruno le dice: "Tú no te preocupes", y le miente cuando añade: "Ya me deshice del cadáver." Y claro, cuando Sofía descubre el cadáver, no tiene duda de que se trata de una traición. Piensa que no solamente le ha mentido, sino que probablemente la va a dejar sin dinero y con el cadáver. Es una reacción totalmente explicable desde la experiencia de Sofía: se entera de que la cuenta del hotel no la pagaron, aunque ella le había pedido a Bruno que lo hiciera, y realmente se le viene el mundo encima. Ya está muy aturdida, está muy cansada y el poco razonamiento que tiene en ese momento, lo pierde. Si a eso le añadimos que Sofía se encuentra el cadáver de Matute en la cajuela del auto, se entiende perfectamente que Sofia crea tener una evidencia final de haber sido traicionada.

¿Y Bruno?

Durante todo el tiempo, Bruno cree que está actuando bien y al final cree que el dinero que tiene le va a servir para algo, pero no va a ser así. Es el soñador, pensando que la vida es un cuento de hadas o de vaqueros, como los que él escribe. Inclusive, en el momento en el que muere Sofía y él se da cuenta de que está muerta, la quiere recapturar a través del personaje de la prostituta [Salomé, Regina Orozco], convirtiéndola en Mirna O'Hara, un personaje de ficción que él ha creado para las historias que escribe.

Volviendo al personaje de Sofía, decías que en algunos casos sí se puede escapar de este destino trágico: ¿cómo se puede hacer?

Yo creo que, en parte, es una cuestión de personalidad: a ciertas mujeres les falta fuerza y tienen que buscarla. Al personaje que yo creé y al personaje que creó David Martín del Campo, le falta fuerza por razones diferentes: al suyo por misoginia y al mío por un interés en la falta de fuerza, en la personalidad débil. Yo quería mostrar que la solución fácil siempre va a existir: el no pensar, el tener un amante fácil. Sin embargo, si quieres cambiar tu destino en la vida, tienes que tener la fuerza de agarrar tus pedacitos del piso y decir: "¿dónde quedó mi corazoncito?, ¿dónde quedó mi estómago...?", y tratar de reconstruir el ser y volver a luchar. Todos los seres humanos —unos de una manera más noble, más fácil, más agradable, otros de una manera más desagradable— pasan por una situación en la que tienen que decir: "Espérenme tantito. Ustedes están esperando esto de mí, y es cierto que yo tuve un padre golpeador, pero también tengo la capacidad, la energía y la dignidad para decir: 'Yo puedo y voy a salir adelante.' "

Aunque todo el tiempo te vas a encontrar adversidad y es fácil deprimirse, esa fuerza interna puede lograr cualquier cosa en tu vida. Hay gente que no tiene el espíritu suicida dentro de su comportamiento: a pesar de que hay momentos en los que dices "La salida fácil sería morirte", ¡no! Hay que trabajar, hay que luchar, hay que sobreponerse y también hay que saber arrastrarse por el piso. "Una temporada en el infierno" no le viene mal a nadie, también te hace crecer como persona, te hace volver a salir adelante. Siempre hay salidas más nobles, más dignas, más edificantes para tu personaje; aunque sean más difíciles porque necesitan de mayor fuerza.

Una de las cosas más importantes que yo quería hacer con *Dama de noche* era hablar de las razones por las que se puede llegar a pensar que no se tiene esa fuerza. A veces, la razón para actuar de una determinada manera es la familia; cuando tienes hijos y razones económicas, el mismo pensar cómo resolver las necesidades más básicas te puede hacer tener más anclas. Otras es la educación, sobre todo en México; la educación hace que la mujer piense que sus posibilidades son limitadas. A los hombres, en cambio, les hace pensar que tienen todas las posibilidades en la vida ¡Eso a mí me parece un error garrafal!

¿Quieres decir que la sociedad pone un cierto determinismo en tu vida y que si tú eres un personaje pasivo y te dejas llevar por ese determinismo tienes un final trágico, pero que también tienes la capacidad de elección y la suficiente fuerza interna para desviarte de tu destino?

Yo creo que sí. Esta idea la ejemplifico con el personaje de Sofía. Sofía se va sumergiendo, sumergiendo, sumergiendo en esa depresión que, inclusive, imposibilita que se mueva. Es algo que, hasta cierto punto, se puede observar en el ritmo de la película. Sofía casi no sale del cuarto, está práticamente inerme, su capacidad de lucha está casi perdida. Cuando decide moverse, cuando toma la decisión de subirse al coche, es nada más que para precipitarse hacia la muerte. Ya está tan sumergida en su propio destino que ya es suicida, y por eso acaba suicidándose. Con ella quiero mostrar que, si no haces nada, puede llegar a ser demasiado tarde. Sofía se deja llevar y cuando decide tomar una decisión, ya es demasiado tarde; por eso es una decisión errada. Para llamar más aún la atención sobre esa decisión errada y su falta de fuerza, pongo a Sofía con su hija, que es un motivo de vida para ella. Si yo hubiera puesto a Sofía sola, se hubiera entendido más su falta de fuerza, pero al saber que su hija la está esperando es más obvio que no tiene fuerza. Ya no ve más allá, no ve que hay otro día, que va a amanecer. Algunas de las personas que conozco que han sobrevivido a un intento de suicidio te dicen que es un momento en el que sientes que no hay más salida que ésa.

Sí, pero en lugar de crear un personaje que se transforma prefieres dejar ese tipo de reflexión para el espectador, ¿no?

Exacto. Por ejemplo, una vez, cuando almorzamos en Guadalajara, salió una señora hecha un mar de lágrimas y me dice: "No sabes cómo te agradezco esa película, porque yo viví una cosa semejante." Ese día yo dije: "¡Qué rico haber hecho esta película!" Con sus errores y con sus virtudes, pero hay un momento en el que dices: "Alguien, dentro de una sala, pudo vivir, revivir o sentir algo."

Pasemos a otro tema, las actrices. ¿Por qué elegiste a Cecilia Toussaint para hacer los dos papeles protagónicos femeninos?

Fíjate, es una pregunta muy interesante. Escogí a Cecilia para *Objetos perdidos* porque fui a un concierto de rock y cuando la vi en una escena dije: "¡Qué fuerza tiene esa mujer! ¡Qué proyección! ¡Cómo irradia la personalidad de que sabe lo que quiere en la vida! ¡Cómo se mueve, cómo maneja al auditorio, cómo le hace sentir cosas!"

Cecilia es cantante de rock y la música que ella canta está compuesta por Jaime López, por Pepe Elorza y por Marcial Alejandro. Por varios, pero sobre todo por Jaime, que tiene letras urbanas muy agresivas. Hay una que se llama la "Viuda Negra" en la que dice algo así como: "Te voy a picar, te voy a envenenar, te voy a matar, después de que hagamos el amor." Muestra una personalidad muy fuerte de mujer que manipula hombres. A mí, toda esa proyección en escena me gustó muchísimo. Yo ni siquiera sabía que había hecho algunos papeles en películas que yo había visto.

Después del concierto, busqué su teléfono y me puse en contacto con ella. Me dijo: "En caliente, ven ahorita a la casa y hablamos." Aunque no la conocía, en cuanto hablé con ella, me cayó muy bien. Tenía fama de ser bastante difícil, pero conmigo no fue así. Como estuvo muy agradable la plática, nos identificamos mucho y le pregunté: "¿Te interesa el guión?", y Cecilia me contestó: "Te hablo mañana." Al día siguiente, cuando me llamó, me dijo: "Me gustó muchísimo. Sí, lo hago." Pero como estaba un poco sorprendida de mi elección, también añadió: "¿Estás segura de que quieres trabajar conmigo?, porque yo no soy actriz." Le dije: "Mira, yo confío en que yo te pueda dirigir, tu confía en que yo te puedo dirigir. Lo que yo vi en el concierto lo puedes proyectar en cine, si lo sabemos hacer." Comenzamos a trabajar juntas, y a mí me gustó muchísimo cómo resultó el personaje en *Objetos perdidos*. Pero ahí no acabó la historia. El trabajo con Cecilia, que comenzó con *Objetos*, continuó con otro trabajo totalmente diferente en *Dama de noche*, donde profundizamos en una amistad personal ya establecida.

A medida que fui conociendo a Cecilia, me di cuenta de que también había otros aspectos de su personalidad que eran distintos a los que proyectaba en escena. Fue muy interesante, porque en *Dama de noche* explotamos el otro lado de Cecilia, que es el personaje sin fuerza de Sofía. No es que Cecilia sea como Sofía, para nada, pero un actor tiene esa posibilidad de mostrar, a través de cosas que ha vivido, esas otras emociones que son, tal vez, opuestas. Los seres humanos somos polifacéticos y contradictorios; tenemos tanto bueno como malo, tanto sólido como débil. Me gustó poder ver la otra parte de Cecilia en *Dama de noche*. Los productores, inclusive Rodrigo —el fotógrafo—, tenían dudas. Yo dije: "Para mí, la actriz que buscamos para el papel de Sofía es Cecilia, pero puede ser que me equivoque. Vamos a hacer un *casting* para ver si realmente es Cecilia, porque tampoco me quiero equivocar." Después del casting, todos quedamos convencidos de que Cecilia era la idónea.

Igual pasó en el caso de Regina Orozco, la que hace de Alicia —amiga de Pilar— y que luego hace de Salomé, la prostituta en *Dama de noche*. Todo el mundo quería una guapa, una prostituta típica. Me traían al *casting* a toda clase de niñas preciosas y yo dije: "No, no, yo quiero que sea Regina." Y Rodrigo y todos me dijeron: "Pues, no. ¿Cómo crees? ¡Para nada!" Con Regina tampoco nos equivocamos. Yo quedé muy contenta con su trabajo; hizo un extraordinario papel. La película es una con Regina y hubiera sido otra sin ella.

Pasemos a otro tema: ¿crees que la comerciabilidad del cine limita tus intereses y tu poder creativo?, ¿crees que tienes que modificar tus obras para hacerlas comerciales?

Yo me he sentido con total libertad al contar una historia. Siento que mi responsabilidad está en eso, en contar una historia. Trato de que esa historia tenga una identidad y esté bien narrada para hacer que le interese a la gente; sin embargo, no se trata de una búsqueda de comercialización. Lo que me interesa es que la historia esté bien estructurada, que sea interesante, que sea actual, que hable de mí, que hable de mi país, que hable de la problemática que vivo. El que sea interesante es lo importante, no el que sea comercial.

Yo creo que tengo que preocuparme de contar algo que exista dentro de mí. Mi preocupación básica es poder contar una historia que me ayude a mí a comprender mejor el mundo y que también sea una historia que tal vez ayude a otras personas a encontrar esa comprensión del mundo. Si logras captar al espectador, hay una satisfacción, pero no monetaria. La fascinación está en captar la atención a través de la historia que quieres contar. Por ejemplo, el otro día me pidieron que hablara de cine a una generación que iba a salir de la preparatoria. Al llegar para dar la conferencia, vi que el auditorio se llenó con unos cincuenta chavos de 18 años y me di cuenta de que se podían aburrir y ponerse a hacer dibujitos, o a lo mejor, si los cautivaba contándoles cómo me apasiona mi trabajo, algunos de ellos terminarían por ser cineasta. Esa idea me cautivó, creo que a ellos también.

También es cierto que hay que ser realista; uno siempre piensa en la posibilidad de hacer otra película y tiene que tener en cuenta la situación de la industria cinematográfica y la falta de recursos económicos. Mentiría si dijera que no pienso: "Ojalá que la historia sea buena, y que pueda yo hacer otra película, para poder contar otra historia." Es cierto que vivimos en un mundo capitalista donde el éxito se reconoce con los premios, con la aceptación. También, para los productores debe ser importante que la película en la que ellos están invirtiendo recupere el dinero. ¡Aunque nada más sea para poder hacer otra película!

Y para terminar, ya bien entrada en el mundo cinematográfico profesional, ¿podrías evaluar la efectividad del CCC en prepararte para el acceso al cine industrial?

Yo creo que la escuela, sin duda, me ayudará a entrar a la industria, fue ahí donde hice *Objetos perdidos* y donde hice mi *ópera prima*. Todo lo que yo soy, ahorita, me lo ha dado el CCC a través de la posibilidad económica de hacer estas películas, de contar esas historias. Con las películas obtuve unos premios que me dieron un cierto reconocimiento que ahora me permite llegar con una carta de presentación a una compañía productora y mostrar mi currículum. Por eso, yo sí diría que la posibilidad de seguir filmando se debe, tanto a la formación académica del CCC como a la posibilidad de hacer películas que la escuela me dio. Ahora tengo una obra cinematográfica filmada que mostrar ahí afuera.

GLOSARIO

Asistente de director. Ayudante del director en todos los aspectos, incluyendo la preparación de los actores y la revisión de las tomas de cada día. Cargo que se usa para aprender a dirigir.

BNC. Banco Nacional Cinematográfico. Un banco estatal que ofrecía préstamos al cine industrial. Fue un *holding* de compañías de producción, distribución y exhibición. Creado en 1942, se liquidó en 1979.

"Cine de calidad". Término usado en México para referirse a películas en su mayor parte hechas por graduados de las escuelas de cine, que tienen alta calidad artesanal. Durante el sexenio de Salinas, el Estado apoyó el cine de calidad, cuyo fin era crear una imagen nacional. "Cine de calidad" se opone a "películas de miseria", que son películas de baja calidad artesanal y bajo presupuesto.

Casting. Proceso de selección de los actores que participarán en la película.

CCC. Centro de Capacitación Cinematográfica. Escuela de cine que pertenece a IMCINE. Creada en 1975, aún hoy en activo.

Continuista o *script*. Persona que toma notas acerca de los detalles técnicos y narrativos para que las tomas tengan continuidad.

Coproductor. Persona o institución que participa, invirtiendo, en la producción de una película.

Cortometraje. Película de un máximo de 30 minutos.

COTSA. Compañía Operadora de Teatros, Sociedad Anónima. Una de las compañías más grandes en la exhibición de "películas de miseria". Controlaba la mitad del mercado de la exhibición y perteneció al Estado durante el sexenio de Echeverría. IMCINE se deshizo de ella en 1993.

CUEC. Centro Universitario de Estudios Cinematográficos. Escuela de cine independiente, que pertenece a la Universidad Nacional Autónoma de México. Creada en 1963, aún hoy en activo.

Distribución. Proceso por el cual una película se pone en el mercado y se vende para su exhibición.

Docudrama. De la combinación de las palabras "documental" y "drama". Obra de ficción basada en un hecho histórico que usa técnicas propias del documental.

Edición. Proceso que incluye la selección de las mejores tomas, el montaje secuencial de éstas y la inclusión del sonido. Acaba en la versión final de la película.

FFCC. Fondo de Fomento a la Calidad Cinematográfica. Institución que prestaba dinero a los productores (a menudo, los directores eran también productores durante el sexenio de Salinas). Creada en 1986.

IMCINE. Instituto Mexicano de Cinematografía. Institución cuya función consiste en apoyar el cine de calidad. El coproductor más importante durante el sexenio de Salinas. Creado en 1983, pasó a estar bajo la dirección del Ministerio de Cultura en 1989. Aún hoy en activo.

Largometraje. Una película de noventa o más minutos de duración.

Largometraje industrial. Película que puede exhibirse comercialmente porque cumple ciertos requisitos legales. Por ejemplo, una película en la que hayan participado miembros del sindicato cumple con estos requisitos.

Locación. Lugar elegido, exterior o interior, para ser escenario de la película. Alternativa a rodar en estudios.

Mediometraje. Película con una duración que oscila entre los treinta y los sesenta minutos.

Ópera prima. Comúnmente, se denomina así al primer largometraje en 35 mm que hace un cineasta. También se aplica al concurso del CCC que permite al realizador que lo gana dirigir su primer largometraje industrial.

"Películas de miseria". Término acuñado por Alfredo Joskowicz para referirse a las películas de baja calidad artesanal y bajo presupuesto hechas por los productores privados con afán de lucro, y que usan tecnología y técnicas anticuadas. Películas opuestas al "cine de calidad" (véase *supra*).

Películas Nacionales. Importante casa distribuidora. Durante el sexenio de Echeverría, el Estado compró el 10 por ciento de las acciones. Quebró en 1991 debido a un fraude interno.

Postproducción. Proceso final de la producción. Incluye la edición del sonido y la imagen. La postproducción finaliza cuando se obtiene el negativo final de la película.

Preproducción. Período de tiempo que abarca desde que se concibe la película hasta que se comienza a filmar. Incluye la escritura del guión, la localización del sitio donde se va a filmar, la selección del vestuario, y el casting.

Producción. El proceso de hacer una película. Normalmente está dividido en tres partes: preproducción, rodaje y postproducción.

Productor. Persona o personas encargadas de buscar a los inversores y a cargo de las finanzas de la producción. Están en contacto con los distribuidores y exhibidores.

Productor ejecutivo. Persona que se encarga de manejar y distribuir el dinero en una producción.

Roches. Tomas que no están editadas y que se revelan rápidamente para que la directora pueda tener una idea de lo filmado el día anterior.

Rodaje. Tiempo durante el cual se filma una película.

RTC. Dirección General de Radio, Televisión y Cinematografía. Agencia reguladora de los medios de comunicación. IMCINE (véase *supra*) fue parte de RTC entre 1983 y 1989.

Sexenio. Nombre que se le da en México al período presidencial porque dura seis años.

STIC. Sindicato de Trabajadores de la Industria Cinematográfica. Entre 1919 y 1945, el sindicato representaba a todos los trabajadores de la industria cinematográfica. En 1945 hubo una ruptura sindical y STIC pasó a representar a los que hacían cortos y documentales (véase *supra*). Aún hoy en activo.

STPC. Sindicato de Trabajadores de la Producción Cinematográfica. Después de la ruptura sindical de STIC (véase *supra*) en 1945, un sindicato que representa a los trabajadores que participan en la producción de un largometraje. Aún hoy en activo.

Toma. El resultado desde que se dispara la cámara hasta que se deja de filmar. Una de las muchas hechas para cada *shot*.

16 mm. Película que tiene 16 mm de ancho. Caracteriza al cine independiente por resultar bastante más económico.

35 mm. Película que tiene 35 mm de ancho. La mayoría de las salas de cine exhiben películas en este formato.

Novedades editoriales
de la Universidad Autónoma
de Aguascalientes

*La utopía feminista. Quehacer litera-
rio de cuatro narradoras mexicanas
contemporáneas*
Consuelo Meza Márquez
UAA, Universidad de Colima, 2000
ISBN 968-5073-14-7

*Jefaturas políticas. Dinámica política
y control social en Aguascalientes,
1867-1911*
Francisco Javier Delgado Aguilar
UAA, Gobierno del Estado de
Aguascalientes, 2000
ISBN 968-6259-59-7

Dissertatio. Disertación joco-seria
Diego José Abad
Trad. Roberto Heredia Correa
UAA, 2000
ISBN 968-5073-13-9

*Haciendas y ranchos de
Aguascalientes. Estudio regional
sobre la tenencia de la tierra y el
desarrollo agrícola en el siglo XIX*
Jesús Gómez Serrano
UAA, Fondo Cultural Banamex, A.C.
2000
ISBN 968-5073-05-8

El fomento de la investigación
Felipe Martínez Rizo
UAA, 2000
ISBN 968-5073-06-6

Tiempo educativo mexicano VI
Pablo Latapí Sarre
UAA, 2000
ISBN 968-6259-98-8

*La experiencia migrante. Iconografía
de la migración Mexico-Estados
Unidos.*
Jorge Durand y Patricia Arias
ITESO, UAA, UAN, UAZ, U de C,
U de G, U de Gto. 2000
ISBN 968-895-883-2

Textos Universitarios:

Fisiología del sistema nervioso
José Luis Quintanar Stephano
UAA, 2000
ISBN 968-5073-00-7

*Introducción a la hidrología
superficial*
Sergio Ignacio Martínez Martínez
UAA, 2000
ISBN 968-5073-11-2

Próximas publicaciones

*Anatomía comparada de los animales
domésticos*
Rodolfo Cuéllar Salas
UAA, U. de Guadalajara, 2000
ISBN 968-5073-02-3

Manual de gramática latina
Abel Alemán Mora
UAA, 2000
ISBN 968-5073-01-5

IBEROAMERICANA.
AMERICA LATINA – ESPAÑA –PORTUGAL
Volumen I (2001) Nueva época N.º 1

Índice

Presentación. Por Günther Maihold y Klaus Bodemer
Juan Torres-Pou: *La narrativa anticolonial hispano-filipina: el caso de "Noli me tangere"*
y "El filbusterismo" de José Rizal
Leonel Delgado Aburto: *Las antologías de poesía nicaragüense y el problema*
del texto emblemático
Rodrigo Arocena y Judith Sutz: *Desigualdad, tecnología e innovación*
en el desarrollo latinoamericano
Eduardo Sáenz Rovner: *Notas sobre la contribución de Jesús Antonio Bejarano*
a la historia económica de Colombia

Dossier: Políticas y poéticas de la memoria en Argentina
Andrea Pagni: *Presentación*
Hugo Vezzetti: *El imperativo de la memoria y la demanda de justicia:*
el Juicio a las juntas argentinas
Elizabeth Jelin: *Historia, memoria social y testimonio o la legitimidad de la palabra*
María Sonderéguer: *Los relatos sobre el pasado reciente en Argentina:*
una política de la memoria
Alberto Giordano: *Tiempo del exilio y escritura de los recuerdos:*
"En estado de memoria", de Tununa Mercado
Edna Aizenberg: *Las piedras de la memoria: Buenos Aires y los monumentos a las víctimas*
Peter Altekrüger: *La dictadura militar argentina en la memoria: bibliografía selecta*

Foro
Elizabeth Jelin: *Memoria colectiva y represión: Perspectivas comparativas sobre*
los procesos de democratización en el Cono Sur de América Latina
Andrea Pagni, conversando con Tununa Mercado: *Itinerarios de la memoria,*
trazos de la escritura
Victor Bulmer-Thomas: *Perspectives on US Latin American Policy*
Eduardo A. Gamarra: *La región andina y la política de Estados Unidos*
Susanne Gratius: *El triángulo atlántico: América Latina, Europa y Estados Unidos*
en el sistema global cambiante

Notas. Reseñas iberoamericanas
Adolf Piquer Vidal, *Literatura catalana contemporánea en Valencia.*
Una década de crítica local
Werner Altmann, *Salir del armario. Los estudios "gays" en España*
Literaturas hispánicas: historia y crítica
Literaturas latinoamericanas: historia y crítica
Historia y ciencias sociales: España y Portugal
Historia y ciencias sociales: América Latina
Índice de títulos reseñados

Iberoamericana, c/ Amor de Dios, 1, E-28014 Madrid
www.iberoamericanalibros.com
info@iberoamericanalibros.com